建築・設備の あってはならない 不完全性 事例大全集

日本環境管理学会
建築と設備の不完全性事例研究小委員会 [編]

130

Ohmsha

本書を発行するにあたって，内容に誤りのないようできる限りの注意を払いましたが，本書の内容を適用した結果生じたこと，また，適用できなかった結果について，著者，出版社とも一切の責任を負いませんのでご了承ください．

本書は，「著作権法」によって，著作権等の権利が保護されている著作物です．本書の複製権・翻訳権・上映権・譲渡権・公衆送信権（送信可能化権を含む）は著作権者が保有しています．本書の全部または一部につき，無断で転載，複写複製，電子的装置への入力等をされると，著作権等の権利侵害となる場合があります．また，代行業者等の第三者によるスキャンやデジタル化は，たとえ個人や家庭内での利用であっても著作権法上認められておりませんので，ご注意ください．

本書の無断複写は，著作権法上の制限事項を除き，禁じられています．本書の複写複製を希望される場合は，そのつど事前に下記へ連絡して許諾を得てください．

(社)出版者著作権管理機構
（電話 03-3513-6969, FAX 03-3513-6979, e-mail: info@jcopy.or.jp）

JCOPY ＜(社)出版者著作権管理機構 委託出版物＞

まえがき

　エネルギーと環境保全の問題が危機的な状況になりつつある現代、建築物はすでにスクラップアンドビルドの時代から、社会資本としてのストック＆メンテナンスの時代へ移行しつつあり、その耐久性、安全性、快適性、経済性などが重要視されるようになってきている。それに伴い建築物とその建築物に設置されている設備機器の運用に関してビルオーナー、ビル利用者、設計者、施工者、維持管理者、設備機器メーカーなどが各々に良好な環境の形成と建築物や設備機器の機能の保全を目指す努力を行っている。

　しかし、建築および設備の機能が本来的に損なわれているべからずな事例（以後「べからず事例」と表示）が数多く指摘され、ビル環境の真価を問われるような問題に発展する例（歌舞伎町ビル火災、大阪千日デパートビル火災、耐震偽装構造事件、エレベーター事故、六本木回転ドア事故など）は少なくないことが明らかになっている。

べからずとは
（文末に用いて）禁止を表す。…してはいけない。…あってはならない。の意味。

　ビル環境におけるべからず事例を解決するには、実際に発生しているべからず事例の実態・原因を調査し、それらの改修・改善あるいは適切な状態を確保するための十分な知識を持つことが重要となる。しかしながら現状は、日常的に支障をきたすことがなく建築基準法違反や消防法違反もなければ、不適切な状態であっても見落とされている事例も少なくない。そのまま不適切な状態が放置した状態にされていると、「建築物の安全性や快適性を損なう」「経年劣化を早める」「エネルギーや資源の無駄な浪費」などの原因となりかねない。

　このような問題は、「計画・設計の段階では予測できなかった事例」、「施工者側の施工不良により発生した事例」、「設計者と維持管理者の価値観の違いによって発生した事例」、「利用者の不注意によって発生した事例」などに分類することにより、その発生要因は推察できる。

　このような背景から、日本環境管理学会では「建築と設備の不完全性（べからず）事例研究小委員会」を立ち上げ、2004年4月～2012年4月までを調査期間として、特定建築物を対象に調査し、べからず事例（以降「不完全性事例」と表示）

の問題把握を通して、建築の企画や設計によるものに限らず、建築や設備の施工、維持管理、利用状態など、管理・運営に至る幅広い範囲を対象に調査を実施した。建築用途は事務所、大学、図書館、市役所、および鉄道駅舎、空港ターミナルビルなどの公共性の高い建築物でデータ収集を進め719例の不完全性事例と判断できるデータを得た。

● 図1　不完全性事例のカテゴリ

収集した不完全性事例は「建築と設備の不完全性（べからず）事例研究小委員会」の委員で検討、ビル環境を健全に維持管理していく上で妨げになる不完全性事例は、小さな不具合から大きな事故や危険を招く可能性のあるものまで多種多様であるが、その【もたらす影響】は大きい。また、それらの【発生要因】を考え、【責任の所在】（図1）を「建築と設備の不完全性（べからず）事例研究小委員会」委員の判断に

● 図2　不完全性事例の発生要因と責任の所在のカテゴリ区分

より決定した。定義づけされた各項目【もたらす影響】【発生要因】【責任の所在】をそれぞれカテゴリごとに区分し（図2）、整理・分析を行った。

本書は、建築・設備の不適切な事例から、それぞれの代表的な適切事例を表示し、今後の建設（企画・計画・設計・施工・監理）から管理・運用までの建築物に携わる多くの関係者に資する資料を提示するものである。

また、基礎データとして不完全性事例の【所在地】【竣工年】【構造形式】【撮影年】を分類、さらに【部位】【詳細部位】【材料】【症状】を分類した。分類が終了した不適切な事例は具体的な問題点や修正点などの検討を進め、それに対する適切案を検討、不適切な事例に対応する適切な事例を収集した。もしくは、不適切な事例の写真に画像編集ソフトで画像処理を施して適切な事例に修正した。その後、不適切な事例および適切な事例を特定の形式でまとめた。

ビル環境とは、ビルオーナー、ビル利用者、設計者、施工者、維持管理者、メーカーなどのすべてにとって、それぞれの立場をよく理解した計画がされていなければならない。したがって、建築物がエネルギーや資源の無駄な浪費なしに、長期にわたってその機能を十分発揮し運営されるには、設計・施工はもちろん、建築物の日常的な利用のされ方、維持管理の仕方など、すべてのプロセスへの配慮がバランスよく行われる必要がある。

地球環境建築の機運が高まっている現在、建築物の計画・設計も意匠優先の思想から社会基盤としての効率的利用を目指し、維持管理を重視した良好な長寿命化建築を目指す時期が来たのではなかろうか。

「建築・設備のあってはならない不完全性事例大全集」は約10年間の収集成果を取りまとめたもので、建築と設備の不完全性事例の一部である。「建築・設備のあってはならない不完全性事例大全集」がビルオーナー、ビル利用者、設計者、施工者、維持管理者、設備機器メーカー側にとっても、見直しと反省の材料となり、より良好なビル環境の確保と維持に役立てば幸いである。

平成26年3月
日本環境管理学会
建築と設備の不完全性事例研究小委員会
委員長　永峯　章

もくじ

まえがき ……………………………………………………… 003

第1章 不完全性事例 建築編 ……………………………………………………… 013

屋根
- 汚れが目立つガラス屋根 ……………………………………………………… 014
- 排水口が詰まった屋上 ……………………………………………………… 015
- 異様に高いパラペット ……………………………………………………… 016
- 手入れの悪いルーフドレン ……………………………………………………… 017
- 遮熱が必要なトップライト ……………………………………………………… 018
- 雨漏りしたトップライト ……………………………………………………… 019

天井
- 点検できない点検口内部 ……………………………………………………… 020
- 点検口がない天井 ……………………………………………………… 021
- 照明器具の管球交換ができない天井 ……………………………………………………… 022
- エキスパンションジョイントからの雨漏り ……………………………………………………… 023
- 結露対策が不十分な壁 ……………………………………………………… 024
- 外壁モルタルの剥離 ……………………………………………………… 025

壁
- 壁が傷ついてしまう家具レイアウト ……………………………………………………… 026
- 意味もなく高い腰壁（手摺） ……………………………………………………… 027
- 清掃対策がほしいガラス壁面 ……………………………………………………… 028
- 雨仕舞の悪い窓廻り ……………………………………………………… 029
- 室温上昇につながるガラス外壁 ……………………………………………………… 030

柱	コーナーガードがない柱周り	031
	柱周りの無駄な空間	032

床	滑りやすい床面仕上げ	033
	大きな段差のある屋上出入口	034
	誘導用ブロック上に障害物	035
	隠れてしまった誘導用ブロック	036
	見えにくい誘導用ブロック	037
	床仕上げの不揃い	038
	開閉できない床の点検口	039
	障害物のある通路	040
	大きな段差の浴室出入口	041
	エキスパンションジョイントではない渡り廊下	042
	点検に不便なキュービクル前の段差	043
	泥はねで汚れた外壁	044

階段	頭上が危険な階段下	045
	傾斜が急なスロープ	046
	入り組んだ階段とスロープ	047
	手摺のない階段	048
	蹴上げ高さが変わる階段	049
	段鼻が見えにくい階段	050
	なぜか流し台のある階段室	051
	階段下のデッドスペース	052

もくじ

頭がぶつかる階段	053
防犯上も危険なタラップ	054
途中で途切れている手摺	055
スロープ前に障害物	056
転落のおそれのある階段手摺	057
転落の危険性が非常に高いタラップ	058
危険な段差がある階段	059
出会いがしらに衝突する階段	060

建 具

洗面台使用者に当たるドア	061
開閉できない開き戸	062
外開きの機械室の扉	063
奥行きの狭い風除室	064
大きな段差のある開口部	065
開閉できなくした引違い戸	066

防 災

物置と化した避難階段出口	067
非常口前の障害物	068
開閉方向がわからない非常口	069
防火扉の前に障害物	070

外 構

水浸しになる通路	071
水たまりと化す公開空地	072
歩道と見紛う地下駐車場への車両進入路	073

屋根のない渡り廊下	074
頭がぶつかる出入口のブレース	075
出入口が分かれていない駐車場	076
駐車区画が見分けにくい駐車場	077
手摺のないスロープ	078
曖昧な喫煙場所	079

その他
転落のおそれのある手摺	080
見えない建物案内図	081
窓から離れているブラインド	082
男女を判別しにくいトイレのサイン	083
通路のない家具レイアウト	084

第2章 不完全性事例 設備編 087

給排水
点検口の真上に配管とジョイントボックス	086
フレキシブルジョイントが未設置	087
1階まで吹抜けのパイプシャフト	088
露出している天井配管	089
安全柵のない高置水槽	090
底面を点検できない高置水槽	091
地下水が浸入する受水槽	092

もくじ

汚水が浸入した地下式受水槽	093
点検困難な受水槽	094
不十分な排水口空間	095
藻が発生した高置水槽	096
苔が発生した排水溝	097
垂れ流しの雨水排水管	098
雨水が誘導されない排水口	099
奇妙な位置から立ち上げられた給水管	100
受水槽の上を通る排水管	101
赤水汚れの原因となった排水管	102
芝生に埋もれてしまった排水溝	103
点検しにくい壁付け点検口	104
灌水の手段がないプランターボックス	105
傾斜が付いた出入口前の排水溝	106
雨水が浸入するフラットな出入口	107
傾斜のきつい通路	108
小便器下の汚れ対策がないトイレ	109

空調

つぶされた配管	110
天井面を汚す吹出し口	111
天井面を汚す排気	112
外壁を汚す排気口	113
高圧カットが心配な室外機	114
窓面を立ち上がる排気ダクト	115

	ショートサーキットが心配な室外機	116
	窮屈な場所に押し込められた室外機	117
	ショートサーキットが心配な給気口・排気口	118
	カビが発生したエアコンダクト	119
	歩行者に排気が当たる室外機	120
	増設する余地のない室外機スペース	121

電気

昼間でも点灯したままの階段照明	122
効果が少ない照明の間引き	123
フレキシブルジョイントの未設置	124
外れてしまった電源配管	125
部屋の奥にある照明スイッチ	126

防災

非常口前に障害物	127
消火栓前に障害物	128
通路中央に設置された消火栓	129
邪魔な位置にある消火器	130
障害物だらけの消火栓周り	131
目視困難な位置にある消火器	132
開閉装置が離れた場所にある防火扉	133
保護キャップが外れたままの送水口	134
植物に埋もれてしまった送水口	135
柱の陰に隠れている消火栓	136
開閉スイッチが別室にある排煙装置	137

もくじ

防火シャッターの下に障害物 ………………………………… 138
避難方向が間違っている誘導灯 ……………………………… 139
点灯していない誘導灯 ………………………………………… 140

搬送
押しにくいエレベーター乗り場ボタン ……………………… 141
障がい者が乗降しにくいエレベーター ……………………… 142

その他
転がしてあるだけのボンベ置場 ……………………………… 143
標識はあるのに未設置の公衆電話 …………………………… 144

第3章 不完全性事例 分析編 …………………………………………… 145

1 用語の定義 ……………………………………………………… 146
2 不完全性事例がもたらす影響 ………………………………… 149
3 不完全性事例の発生要因 ……………………………………… 152
4 不完全性事例の責任の所在 …………………………………… 157
5 不完全性事例の症状 …………………………………………… 161

あとがき …………………………………………………………… 166

第1章 不完全性事例
建築編

汚れが目立つガラス屋根

所 在 地 ▶ 東京都	部　　位 ▶ 屋根	発生箇所 ▶ 建築―屋根
竣 工 年 ▶ 不明	詳細部位 ▶ 屋根面	影　　響 ▶ 快適性(中)
構造形式 ▶ S造	材　　料 ▶ ガラス	発生要因 ▶ 設計不良
撮 影 年 ▶ 2004年	症　　状 ▶ 汚れ	責任の所在 ▶ 設計者・維持管理者

　不適切な事例は、汚れの付着が目立つガラス屋根である。屋根部分であるため清掃が難しく、汚れが放置されたままになっている。こうした清掃困難な部分にガラス材を用いる場合は、設計者は汚れ対策、清掃方法に十分配慮した設計を行うべきである。

　適切な事例は、ガラス屋根に勾配を付けてあり、雨水で汚れが流れ落ちるようになっている。意匠上の問題からこうした対策が困難な場合は、光触媒塗装をガラス面に施して、汚れの付着を防ぐといった方法もある。

不適切
な事例

付着したままの汚れ

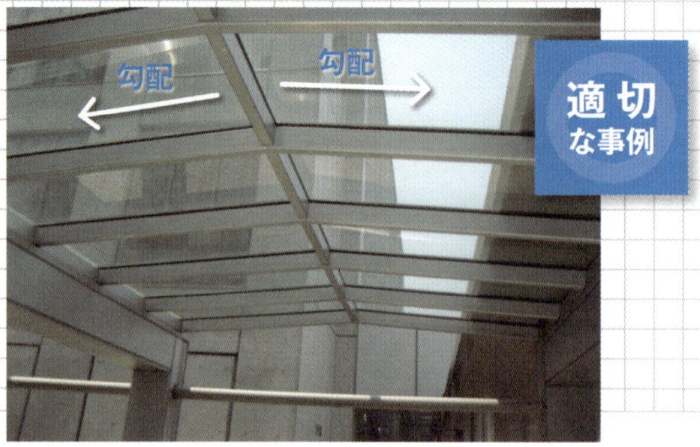

適切
な事例

勾配

勾配

014　第1章 不完全性事例 ▶ 建築編

排水口が詰まった屋上

所 在 地 ▶ 北海道	部　　位 ▶ 屋上	発生箇所 ▶ 建築―屋根
竣 工 年 ▶ 不明	詳細部位 ▶ 屋上面	影　　響 ▶ 耐久性(大)
構造形式 ▶ RC造	材　　料 ▶ アスファルト防水	発生要因 ▶ 設計不良・維持管理
撮 影 年 ▶ 2005年	症　　状 ▶ 汚れ	責任の所在 ▶ 設計者・維持管理者

　不適切な事例は、排水口が詰まった屋上である。ルーフドレインが枯葉などで詰まり、降雨時には雨水が溜まった状態になる。その結果、アスファルト防水の上に藻や苔が発生している。このまま放置しておくと、防水層の劣化や不衛生な状態の進行につながる。また、この建物は、屋上に上がるための設備（階段など）が設置されておらず、清掃などをすること自体が難しいという問題も抱えている（※）。

　適切な事例のように、設計者は、屋上の排水性に配慮するとともに、屋上の維持管理も考慮した設計を行うべきである。

※建築基準法施行令第129条により、建築物には衛生上必要な設備や措置を講じる必要がある（梯子など）。

不適切な事例
藻や苔が発生→

適切な事例

異様に高いパラペット

屋根

所 在 地 ▶ 埼玉県	部　　　位 ▶ 屋上	発生箇所 ▶ 建築—屋根
竣 工 年 ▶ 2001年	詳 細 部 位 ▶ パラペット	影　　　響 ▶ 経済性（中）
構造形式 ▶ RC造	材　　　料 ▶ 鉄筋コンクリート	発生要因 ▶ 設計不良
撮 影 年 ▶ 2005年	症　　　状 ▶ コスト増大	責任の所在 ▶ 設計者

　不適切な事例は、屋上に設置された設備機器を隠すためか、4mまで立ち上げられているパラペットである。この高さまで立ち上げるためのイニシャルコストの増加は相当な額になると思われる。意匠的な面を考えての設計であろうが、このスケールの建物で4mのパラペットの設置は無駄が多いと言わざるを得ない。

　適切な事例のように、パラペットを低くしたとしても、ルーバーを利用して設備機器を隠すなど、別な対策を講じることでコストの増加を抑えることは十分可能である。設計者には、意匠だけでなく構造や設備など多方面の要素を両立させて設計することが求められる。

016　第1章 不完全性事例 ▶ 建築編

手入れの悪いルーフドレイン

屋根

所 在 地 ▶ 埼玉県	部　　位 ▶ 屋上	発生箇所 ▶ 建築―屋根
竣 工 年 ▶ 2001年	詳細部位 ▶ 屋上面	影　　響 ▶ 快適性（小）
構造形式 ▶ RC造	材　　料 ▶ 鋳鉄	発生要因 ▶ 不注意
撮 影 年 ▶ 2011年	症　　状 ▶ 不衛生	責任の所在 ▶ 維持管理者

不適切な事例は、落ち葉などで詰まってしまった、手入れの悪いルーフドレインである。このままだと雨水が排水されることなくたまってしまい、最悪の場合、マンションなどではベランダからあふれて、部屋の中に浸水してしまうおそれがある。

ルーフドレインは、屋上やベランダなどに降った雨水を排水管へ導くために設置するものであるから、適切な事例のように、維持管理者や利用者は清掃を定期的に行い、落ち葉やごみなどが詰まらないようにしなければならない。

不適切な事例

落ち葉に埋もれたルーフドレイン

適切な事例

017

遮熱が必要なトップライト

屋根

所 在 地 ▶ 群馬県	部 位 ▶ 屋根	発生箇所 ▶ 建築—天井
竣 工 年 ▶ 2000年	詳細部位 ▶ トップライト	影 響 ▶ 快適性・経済性（中）
構造形式 ▶ RC造	材 料 ▶ ガラス	発生要因 ▶ 設計不良
撮 影 年 ▶ 2013年	症 状 ▶ コスト増大	責任の所在 ▶ 設計者

　不適切な事例は、室温に悪影響を与えているトップライトである。天空からの日射を取り入れるために設計されたものだが、夏季はガラス部分が高温になり、室温上昇の原因となっている（冬季はその逆で、室温低下の原因となる）。これが冷暖房費の増加、ランニングコストの増加につながっている。

　こうした問題が生じないようにするには、遮熱シートを貼る、Low-Eガラスを用いるといったことが考えられる。いずれにしろ設計者は、日射にはこのようなデメリットもあることを考慮して、設計を行ってほしいものである。

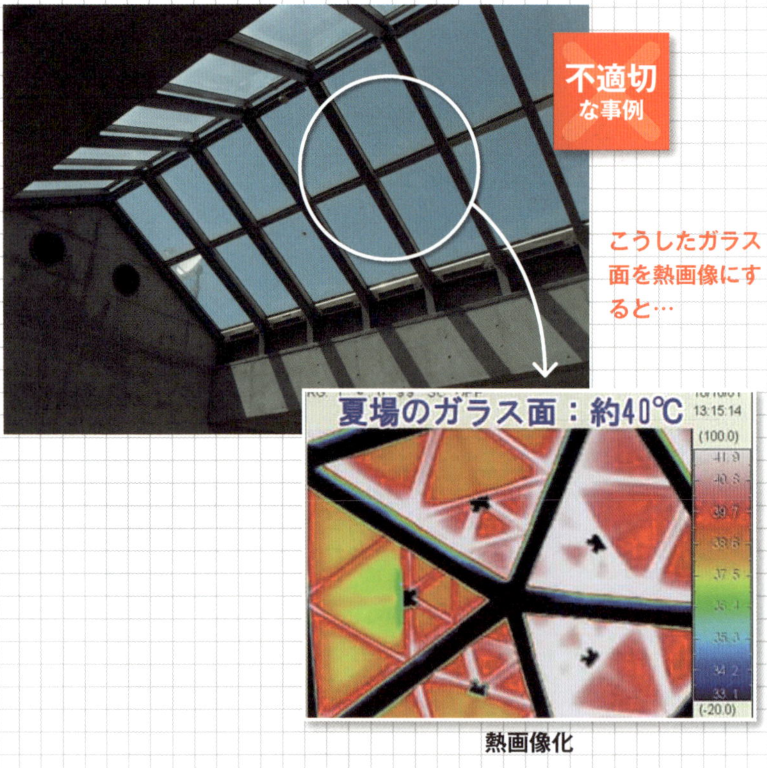

不適切な事例

こうしたガラス面を熱画像にすると…

夏場のガラス面：約40℃

熱画像化

018　第1章 不完全性事例 ▶ 建築編

雨漏りしたトップライト

所 在 地 ▶ 埼玉県	部　　位 ▶ 屋根	発生箇所 ▶ 建築─天井
竣 工 年 ▶ 2001年	詳細部位 ▶ トップライト	影　　響 ▶ 経済性(小)
構造形式 ▶ RC造	材　　料 ▶ ガラス	発生要因 ▶ 設計不良
撮 影 年 ▶ 2011年	症　　状 ▶ 漏水(雨漏り)	責任の所在 ▶ 設計者

　不適切な事例は、豪雨の際に雨漏りしたトップライトである。トップライトの樋から雨水が漏れてしまい、改修工事を余儀なくされた。歩行者が雨漏りで濡れてしまって転倒する危険性もあり、早急な対策がとられたものである。原因として、設計段階でのトップライトの排水方法の設定に誤りがあったと考えられ、また施工の段階での確認も不十分であったと言わざるを得ない。

　トップライトからの漏水は過去にも多くの発生事例があるので、適切な事例（改修工事後）のように大きめの内樋を設けるなど、雨水対策を十分に検討しておくべきである。

不適切な事例 — 改修工事用の足場

適切な事例 — 増設された内樋

点検できない点検口内部

所 在 地 ▶ 東京都	部　　　位 ▶ 天井	発生箇所 ▶ 建築―天井
竣 工 年 ▶ 不明	詳細部位 ▶ 点検口内部	影　　　響 ▶ 耐久性(中)
構造形式 ▶ S造	材　　　料 ▶ 鉄骨	発生要因 ▶ 設計・施工不良
撮 影 年 ▶ 2003年	症　　　状 ▶ 点検困難	責任の所在 ▶ 設計者・施工者

　不適切な事例は、天井内のごく限られた範囲しか点検できない天井点検口である。点検口を入ってすぐの位置に梁があり、その先には進むことができなくなっている。そのため、点検口をさらにもう1か所、増設せざるを得なくなった。設計の段階でも施工の段階でも、梁と天井の間のスペースがないことはわかっていたはずであり、スパンごとに天井点検口を設けるという対策をとっておくべきであった。

　適切な事例のように、天井懐を大きく取り、円滑に、かつ、安全にメンテナンスができるよう設計することで、効率よく建物の維持管理を行うことができる。

不適切な事例

このスペースでは通り抜けができない

適切な事例

点検口がない天井

所 在 地 ▶ 東京都	部　　位 ▶ 天井	発生箇所 ▶ 建築―天井
竣 工 年 ▶ 不明	詳細部位 ▶ 天井面	影　　響 ▶ 耐久性(中)
構造形式 ▶ RC造	材　　料 ▶ 吸音ボード	発生要因 ▶ 設計不良
撮 影 年 ▶ 2003年	症　　状 ▶ 点検困難	責任の所在 ▶ 設計者

　不適切な事例は、点検口がまったくない天井である。あるオフィスの天井で、照明配線の変更や通信線などを新たに敷設するといった作業を行うのが困難な状態になっている。デザイン面でマイナスな印象があるからであろうか、設計者は天井点検口を設けることに消極的な傾向があるように思われる。

　改善策としてはもちろん点検口を設置することであるが、それができない場合、照明器具に若干の改良を加えて点検口の機能を持たせる方法もある。通常、照明器具は上階スラブからの吊りボルトで吊って、反射板と器具を天井板がはさむかたちで固定する。改良された器具は、天井裏に金物を通し、それに器具を載せて、反射板と器具で天井板をはさむかたちで固定する。適切な事例の写真のように、蛍光管と反射板を外して器具を横に動かすだけで、天井点検口代わりにすることができる。

照明器具だけの天井面

不適切な事例

適切な事例

蛍光管と反射板を取り外すと…

照明器具の管球交換が しにくい天井

所 在 地 ▶ 埼玉県	部　　位 ▶ 天井	発生箇所 ▶ 建築―天井
竣 工 年 ▶ 2010年	詳細部位 ▶ 照明	影　　響 ▶ 快適性(小)
構造形式 ▶ RC造	材　　料 ▶ 管球	発生要因 ▶ 設計不良
撮 影 年 ▶ 2012年	症　　状 ▶ 点検困難	責任の所在 ▶ 設計者

　不適切な事例は、照明器具の管球交換がしにくい天井である。吹抜け天井や階高の高い天井、エスカレーターの吹抜け上部の天井などに設置された照明器具では、管球が切れたままになっている例が散見される。そうした場所の管球交換は高所作業になり、その都度、足場を組んで交換作業を行う必要があるため、放置されがちになるためである。

　解決策として、照明器具自体を電動で昇降させることができるようにすると、誰もが安全に管球交換ができるようになる。そうした器具の採用が難しい場合は、天井内にキャットウォークを設置して、照明器具までの作業動線を確保するという方法もある。また、LEDランプを採用して管球交換頻度を大幅に少なくするのも一つの手段である。

　適切な事例は、吹抜けの天井部分に照明器具を設置しないという手法をとったもので、天井に設置したアルミ反射板に下から光を当てて、その反射光で室内を照らしている。

不適切な事例：管球交換には高所作業車か足場が必要

適切な事例：光を当てるアルミ反射板

エキスパンションジョイントからの雨漏り

所 在 地 ▶ 埼玉県	部　　位 ▶ 天井	発生箇所 ▶ 建築―天井
竣 工 年 ▶ 2001年	詳細部位 ▶ 天井面	影　　響 ▶ 快適性（大）
構造形式 ▶ RC造	材　　料 ▶ 吸音ボード	発生要因 ▶ 施工不良
撮 影 年 ▶ 2010年	症　　状 ▶ 漏水（雨漏り）	責任の所在 ▶ 施工者

不適切な事例は、エキスパンションジョイント部分の天井で、雨漏りを起こし、天井面に滲みができている。施工上の不備と考えられ、このまま放置しておくと、カビの発生や天井材などの建材の腐食につながるおそれがある。

適切な事例のように、施工者は、エキスパンションジョイントの施工にあたって、雨漏りが発生しないよう十分に注意して施工することが求められる。

不適切な事例 — 雨漏り箇所

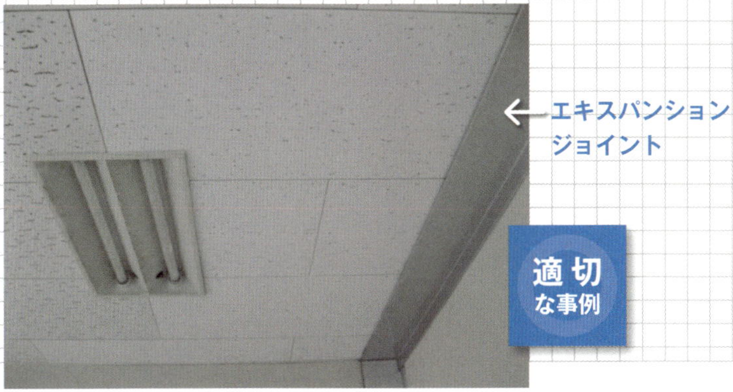

適切な事例 — エキスパンションジョイント

023

結露対策が不十分な壁

所 在 地 ▶ 石川県	部　　位 ▶ 内壁	発生箇所 ▶ 建築―壁
竣 工 年 ▶ 不明	詳細部位 ▶ 壁面	影　　響 ▶ 耐久性（大）
構造形式 ▶ SRC造	材　　料 ▶ ALC版	発生要因 ▶ 設計不良
撮 影 年 ▶ 2010年	症　　状 ▶ 破損・結露	責任の所在 ▶ 設計者

不適切な事例は、結露が原因で損傷した室内側壁面である。表面結露の発生により壁材の剥落が生じている。耐久性や快適性が損なわれるだけでなく、カビの発生から健康被害につながるおそれもある。

適切な事例のように、壁の外気側に断熱材を設置し、窓を二重ガラスあるいは二重サッシにして断熱性能を向上させれば、寒冷地であっても結露を防止することができる。

不適切な事例

壁材の剥がれ

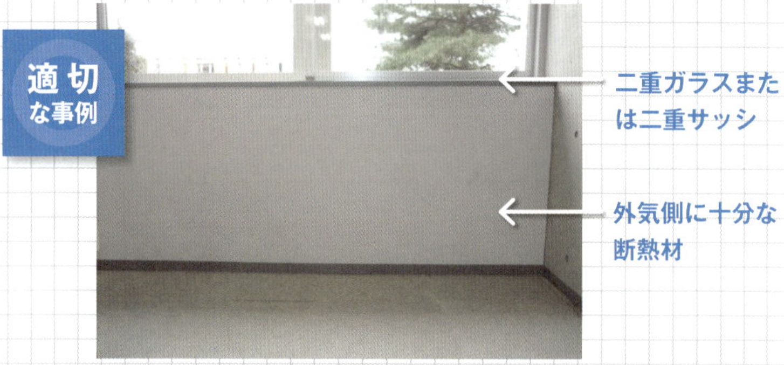

適切な事例

二重ガラスまたは二重サッシ

外気側に十分な断熱材

外壁モルタルの剥離

壁

所　在　地 ▶ 北海道	部　　　位 ▶ 外壁	発 生 箇 所 ▶ 建築─壁
竣　工　年 ▶ 不明	詳 細 部 位 ▶ 外壁仕上げ	影　　　響 ▶ 耐久性（大）
構 造 形 式 ▶ RC造	材　　　料 ▶ モルタル	発 生 要 因 ▶ 施工不良
撮　影　年 ▶ 2011年	症　　　状 ▶ 剥離	責任の所在 ▶ 施工者

　不適切な事例は、仕上げ材のモルタルが剥離した外壁である。広範囲にわたって膨れが生じていて、いつ剥落するかわからない危険な状態であり、見た目も芳しくない。外壁の水切の欠損により雨水が壁内に浸入し、膨張したものと思われる。設計段階で決定した水切の施工が不十分であったためと推測される。

　適切な事例のように、外壁に剥離など生じないよう水切を十分に施工し、さらに透湿性の塗装を施しておくのが望ましい。

不適切な事例
膨れ・剥離

適 切な事例

025

壁が傷ついてしまう家具レイアウト

所 在 地 ▶ 埼玉県	部 位 ▶ 内壁	発生箇所 ▶ 建築―壁
竣 工 年 ▶ 2001年	詳細部位 ▶ 壁面	影 響 ▶ 耐久性(小)
構造形式 ▶ RC造	材 料 ▶ プラスターボードVP仕上げ	発生要因 ▶ 設計不良
撮 影 年 ▶ 2009年	症 状 ▶ 破損	責任の所在 ▶ 設計者・維持管理者

　不適切な事例は、家具のレイアウトが原因で損傷した内壁である。壁とデスク・椅子の位置が近すぎて、椅子の背もたれ部分が壁をこすり、仕上げ材が傷ついてしまっている。このレイアウトのままでは窮屈で作業しにくいし、損傷した壁は見た目がよろしくない。

　設計者は、利用者の動作スペースを考えて、十分な空間を確保できるレイアウトを採用すべきで、適切な事例のように、通路空間にもゆとりを持たせた設計を行うべきである。

不適切な事例

椅子が当たってできた壁の傷み

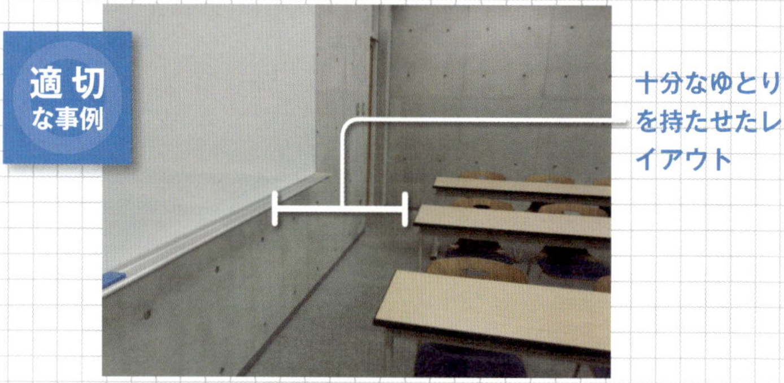

適切な事例

十分なゆとりを持たせたレイアウト

意味もなく高い腰壁(手摺)

所 在 地 ▶ 埼玉県	部　　位 ▶ 壁	発 生 箇 所 ▶ 建築─壁
竣 工 年 ▶ 1993年	詳 細 部 位 ▶ 壁面	影　　響 ▶ 経済性(大)
構 造 形 式 ▶ RC造	材　　料 ▶ コンクリート	発 生 要 因 ▶ 設計不良
撮 影 年 ▶ 2011年	症　　状 ▶ コスト増大	責任の所在 ▶ 設計者

　不適切な事例は、階段の踊り場に設けられた、意味もなく高い手摺兼用の腰壁である。腰壁の両側にはスリットが切られていて耐力壁としての機能もない。写真右側の壁の打継ぎ目地の高さに合わせた、意匠優先の産物といえそうである。手摺や腰壁は1.1mの高さがあれば十分に機能を果たすことができるが、この事例は2.4mもの高さがあって、外光を遮り、踊り場が暗くなってしまっている。また、この腰壁を高くするのに要した建設資材の分、コスト増大となっているはずである。

　適切な事例のように、階段の腰壁は、安全面や機能面、コストの適切性からいっても、必要以上に高くする必要はない。

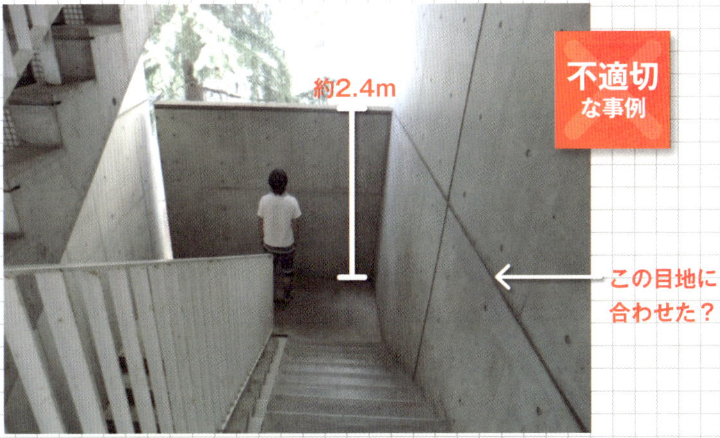

不適切な事例 約2.4m ← この目地に合わせた?

適切な事例 建築基準法では1.1m以上

清掃対策がほしい ガラス壁面

所　在　地 ▶ 埼玉県	部　　　位 ▶ 外壁	発生箇所 ▶ 建築—壁
竣　工　年 ▶ 2001年	詳細部位 ▶ 窓面	影　　　響 ▶ 安全性(大)・経済性(中)
構造形式 ▶ RC造	材　　　料 ▶ ガラス	発生要因 ▶ 価値観の相違
撮　影　年 ▶ 2008年	症　　　状 ▶ 危険誘引・コスト増大	責任の所在 ▶ 設計者

　不適切な事例は、清掃対策がとられていないガラスカーテンウォールである。ガラスが多用されている建物は、壁面清掃が大変困難で、清掃従事者の負担が大きく、高所作業の際の危険性も高い。こうしたカーテンウォールの建物はたくさんあるが、その多くでは設計者の維持管理作業への配慮が足りないがゆえに、安全性や効率性がおろそかにされている。

　適切な事例のように、清掃従事者の危険性や作業負担を減らすため、キャットウォークとスライド式梯子を設けるといった清掃対策を施すことが望まれる。

不適切な事例 ← 危険な高所作業

適切な事例 → キャットウォーク
→ スライド式梯子

雨仕舞の悪い窓廻り

所 在 地	埼玉県	部　　位	外壁	発生箇所	建築─壁
竣 工 年	2001年	詳細部位	壁面	影　　響	快適性(中)
構造形式	RC造	材　　料	アルミ水切	発生要因	設計不良
撮 影 年	2009年	症　　状	汚れ	責任の所在	設計者・維持管理者

　不適切な事例は、汚れの目立つ外壁面である。水切上部に溜まったホコリやチリなどが、雨水とともに壁伝いに流れて乾燥するという状態が繰り返されて、外壁を汚損してしまった。美観が損なわれるだけでなく、建材の劣化にも影響するおそれがある。設計の段階で水切の納まりに気を付けていれば、このような事態は起こらなかったはずである。また、維持管理者が外壁清掃を定期的に行っていれば、ここまで汚れがひどくなることもなかったはずである。

　適切な事例のように、庇や水切を工夫して、雨水が壁に流れていかないようにすべきである。また、定期的な外壁清掃も欠かせない。

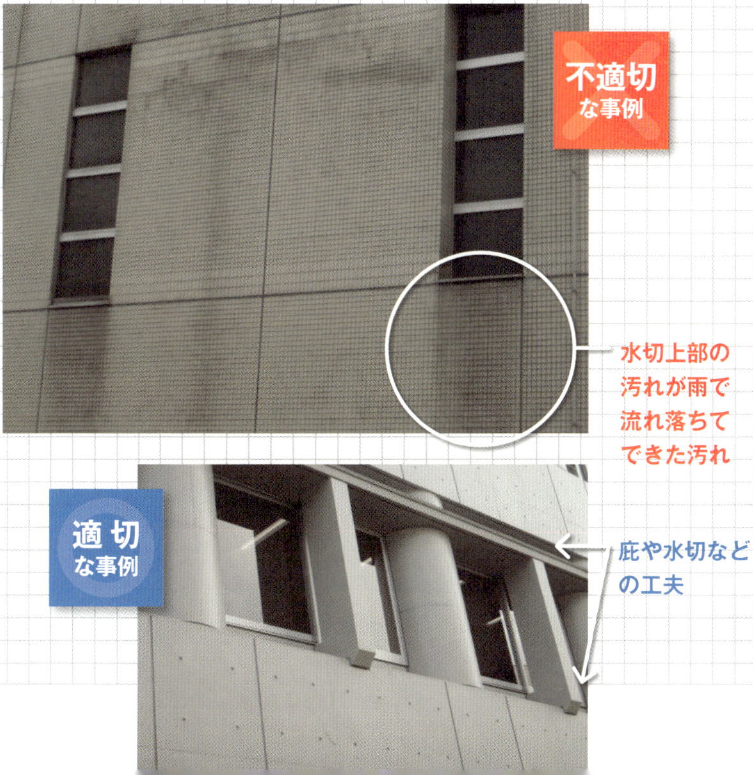

不適切な事例

水切上部の汚れが雨で流れ落ちてできた汚れ

適切な事例

庇や水切などの工夫

室温上昇につながるガラス外壁

所 在 地 ▶ 埼玉県	部　　位 ▶ 外壁	発生箇所 ▶ 建築—壁
竣 工 年 ▶ 2010年	詳細部位 ▶ 壁面	影　　響 ▶ 経済性（中）
構造形式 ▶ RC造	材　　料 ▶ ガラス	発生要因 ▶ 価値観の相違
撮 影 年 ▶ 2012年	症　　状 ▶ コスト増大	責任の所在 ▶ 設計者

　不適切な事例は、室温上昇の原因になっているガラス壁面である。ガラス壁面への直達日射と建物前面のテラスによる反射（放射）が多量の日射熱を室内にもたらし、冷房温度が下がらず、コスト（電力使用料）増大につながっている。

　対策として、適切な事例のように、建物前面に芝生を植栽し、その芝生面に傾斜を付けることで、反射光の影響を軽減することができる。また、遮熱複層高断熱ガラスや遮熱合わせガラス、遮熱フィルム（シート）の採用など、建物側での対策も行うことが望ましい。

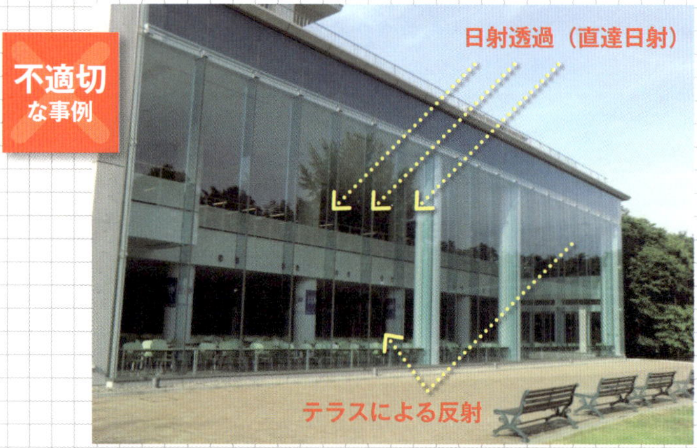

不適切な事例
日射透過（直達日射）
テラスによる反射

適切な事例
遮熱ガラスや遮熱フィルムの採用
傾斜付きの芝生で地面からの反射光を軽減

柱周りの無駄な空間

所 在 地 ▶ 埼玉県	部　　位 ▶ 柱	発生箇所 ▶ 建築—柱
竣 工 年 ▶ 2010年	詳細部位 ▶ 柱周り	影　　響 ▶ 経済性（中）
構造形式 ▶ RC造	材　　料 ▶ コンクリート	発生要因 ▶ 誤判断
撮 影 年 ▶ 2010年	症　　状 ▶ コスト増大・利用障害	責任の所在 ▶ 設計者

不適切な事例は、周囲が無駄な空間となっている丸柱である。オフィス内の丸柱と窓面の間が狭く、その部分がデッドスペースと化している。オフィスとして利用価値のない空間と言えるが、賃料の算定面積には当然、この部分の面積も含まれており、賃料を支払うテナントにとってはコスト増になってしまっている。

適切な事例のように、丸柱を壁面と一体化するなどしてデッドスペースを極力少なくすることが空間の有効利用につながるし、オフィスレイアウトもしやすくなる。

不適切な事例

このあたりはまさに「デッドスペース」と化している

適切な事例

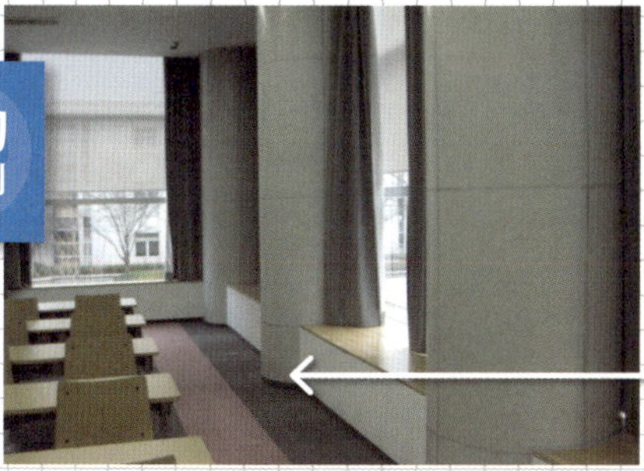

こうするとデッドスペースをかなり減らすことができる

コーナーガードがない柱周り

所 在 地 ▶ 埼玉県	部　　位 ▶ 柱	発生箇所 ▶ 建築―柱
竣 工 年 ▶ 不明	詳細部位 ▶ 柱廻り	影　　響 ▶ 耐久性(小)
構造形式 ▶ RC造	材　　料 ▶ 鉄筋コンクリート	発生要因 ▶ 設計不良
撮 影 年 ▶ 2011年	症　　状 ▶ 破損	責任の所在 ▶ 設計者

　不適切な事例は、角が破損している柱である。コーナーガードが設けられていないところに、物や人が繰り返しぶつかったことが原因である。人の往来の激しさ、物の運搬頻度など、建物用途や平面計画・動線計画上の問題も要因の一つと言えるかもしれない。

　壁や柱などの躯体の耐久性低下を招かないために、また、万が一の人の接触事故や荷物へのダメージを緩和するために、適切な事例のように、出隅部分には木製のコーナーガードを設けたい。

不適切な事例 — 物や人が繰り返しぶつかって破損

適切な事例  ← 木製コーナーガード

032　第1章 不完全性事例 ▶ 建築編

滑りやすい床面仕上げ

所 在 地 ▶	東京都	部　　位 ▶	床	発生箇所 ▶	建築―床
竣 工 年 ▶	不明	詳細部位 ▶	床面	影　　響 ▶	安全性(中)
構造形式 ▶	RC造	材　　料 ▶	大理石	発生要因 ▶	設計不良
撮 影 年 ▶	2003年	症　　状 ▶	利用障害	責任の所在 ▶	設計者

不適切な事例は、大理石本磨き仕上げの床面である。あるビルのエントランス部分のもので、雨天の際など、雨水で濡れた床面で利用者が転倒するおそれがあり、大変危険である。美観は優れているものの、安全性・危険性に対する設計者の配慮不足と言わざるを得ない。

改善策としては、材料選定において同じ石材でも滑りにくいバーナー仕上げとするといったことが考えられる。また、適切な事例のように、多数の人が利用するホールのような建物では、滑りにくい磁器タイルの採用が望ましい。

不適切な事例

本磨き仕上げでキレイだけれども…

適切な事例

滑りにくい磁器タイル貼り

033

大きな段差のある屋上出入口

所　在　地 ▶ 埼玉県	部　　　位 ▶ 床	発 生 箇 所 ▶ 建築―床
竣　工　年 ▶ 2001年	詳 細 部 位 ▶ 床廻り	影　　　響 ▶ 安全性(中)
構 造 形 式 ▶ RC造	材　　　料 ▶ プラスチック	発 生 要 因 ▶ 設計不良
撮　影　年 ▶ 2004年	症　　　状 ▶ 利用障害	責任の所在 ▶ 設計者

　不適切な事例は、屋上出入口である。大きな段差があるにもかかわらず階段が設けられていない。その代わりに不安定なビールケースが置かれていて、利用者はこれを踏み台として用いて、屋上へ出入りしている。

　設計の段階で段差が大きいのはわかっているはずなのに、階段などを用意していないのは設計者の配慮不足である。人の出入りが少ない場所への出入口なので問題はないと思い込んでいること、また、維持管理作業に対する無関心がその原因と思われる。

　設計者はこうした細部の設計でも作業性や安全性を考慮し、適切な事例のように段差を小さくするよう心掛けた設計を行うべきである。

不適切な事例

屋上への出入口 →
ビールケースの踏み台

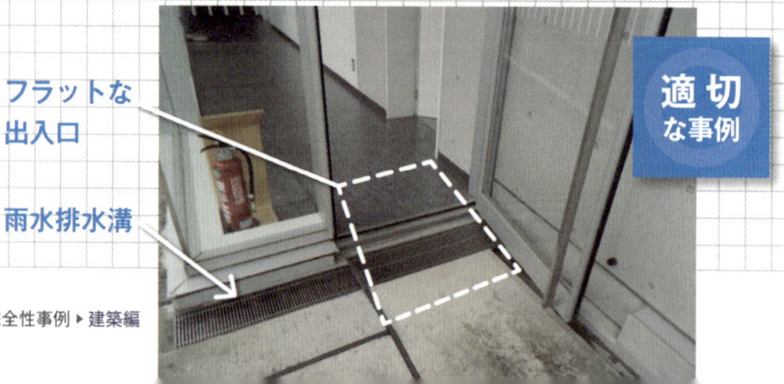

適切な事例

フラットな出入口
雨水排水溝

誘導用ブロック上に障害物

所 在 地 ▶ 千葉県	部　　位 ▶ 床	発生箇所 ▶ 建築—床
竣 工 年 ▶ 不明	詳細部位 ▶ 床廻り	影　　響 ▶ 安全性(小)
構造形式 ▶ RC造	材　　料 ▶ 誘導用ブロック	発生要因 ▶ 不注意
撮 影 年 ▶ 2005年	症　　状 ▶ 利用障害	責任の所在 ▶ オーナー・維持管理者

　不適切な事例は視覚障がい者誘導用ブロック（以下「誘導用ブロック」と記す）で、その上に障害物（案内板）が置かれている。視覚障がい者が誘導用ブロックに沿って進むと、案内板に接触して転倒するおそれがある。ほんのわずかの配慮があれば防げることだが、健常者にとっては何の問題もないと思えるものが、障がい者にとっては危険である可能性を想像できないことが原因と思われる。

　適正な事例のように、誘導用ブロックの周囲には利用者の通行を妨げないようスペースを広くとり、また、誘導用ブロックの色が視認しやすいよう、床面の色彩に配慮するのが望ましい。

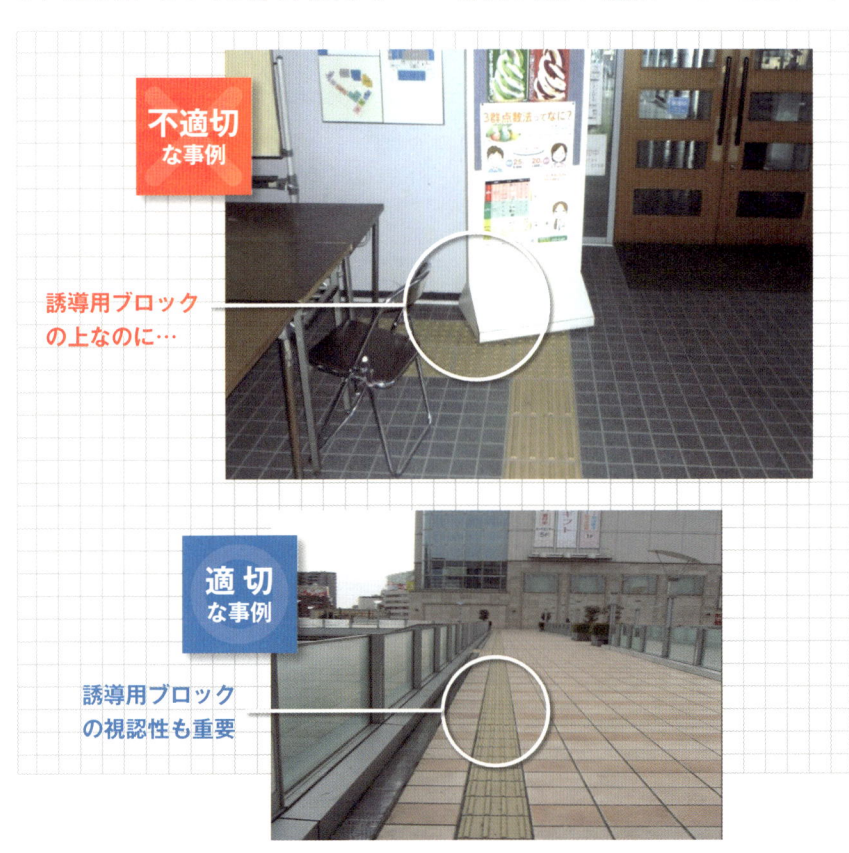

不適切な事例

誘導用ブロックの上なのに…

適切な事例

誘導用ブロックの視認性も重要

隠れてしまった誘導用ブロック

床

所 在 地 ▶ 埼玉県	部　　位 ▶ 床	発生箇所 ▶ 建築―床
竣 工 年 ▶ 不明	詳細部位 ▶ 床面	影　　響 ▶ 安全性（中）
構造形式 ▶ RC造	材　　料 ▶ 誘導用ブロック	発生要因 ▶ 無知
撮 影 年 ▶ 2007年	症　　状 ▶ 利用障害	責任の所在 ▶ オーナー

　不適切な事例は出入口前の誘導用ブロックで、その上に傘立が置かれていて一部が隠れてしまっている。このままでは、誘導用ブロックに沿って歩いてきた視覚障がい者がこの傘立に衝突し、転倒する危険性がある。

　適切な事例のように、誘導用ブロックの周囲は、利用者の通行の妨げになるようなものは一切置かないようにしなければならない。

＜高齢者、障害者等の移動等の円滑化の促進に関する法律＞

第1条（目的）一部抜粋

　高齢者、障がい者等の移動上及び施設の利用上の利便性及び安全性の向上を図り、もって公共の福祉の増進に資することを目的とするものである。

不適切な事例

誘導用ブロックに従って歩いてきた障がい者が衝突

適切な事例

誘導用ブロックの周囲に通行の妨げになるものは置かないようにする

見えにくい誘導用ブロック

床

所　在　地 ▶ 東京都	部　　位 ▶ 床	発生箇所 ▶ 建築—床
竣　工　年 ▶ 不明	詳細部位 ▶ 床面	影　　響 ▶ 安全性(中)
構造形式 ▶ RC造	材　　料 ▶ 誘導用ブロック	発生要因 ▶ 設計不良
撮　影　年 ▶ 2007年	症　　状 ▶ 利用障害	責任の所在 ▶ 設計者

　不適切な事例は、周囲のタイルとの区別がつきにくい誘導用ブロックである。色彩が似通っているうえ、タイルの張り方に合わせたブロックの配置パターンになっているのがその原因である。障がい者がどのように誘導用ブロックを利用するのか、まったく考えていない。タイル張りのデザインに特別のこだわりがあって、意図的に誘導用ブロックを目立たなくしているのではないかとも考えられる。

　適切な事例のように、誘導用ブロックは視認しやすい色彩を選択し、周囲の床材との輝度比が2以上となるようにすべきである。

不適切な事例

誘導用ブロックを障がい者がどのように利用するのかがわかっていない配置パターン

色彩が似ていることも問題

適切な事例

このくらいハッキリわかると利用しやすい

037

床仕上げの不揃い

所　在　地	埼玉県	部　　　位	床	発 生 箇 所	建築—床
竣　工　年	1991年	詳 細 部 位	床面	影　　　響	快適性(小)
構 造 形 式	RC造	材　　　料	人造石洗出し	発 生 要 因	価値観の相違
撮　影　年	2008年	症　　　状	その他	責任の所在	設計者・施工者

　不適切な事例はトレンチの蓋で、床材を張り分ける手間を惜しんだのか、せっかくデザインした床の模様が不連続になってしまっている。トレンチは、電話や電気などの配線や給排水の配管を地中に敷設するもので、その蓋の材料を張り分けたからといって機能性や耐久性が向上するわけではない。しかし、こうした細かな部分のデザインにも気を配ることが、美観向上には不可欠である。

　適切な事例のように、床のデザインパターンが見事に連続するよう、手間を惜しまない施工が望まれる。

不適切な事例
ココを変えるだけなのに…

適切な事例
見事な職人ワザによる張り分け

開閉できない床の点検口

所 在 地 ▶ 東京都	部　　位 ▶ 床	発生箇所 ▶ 建築—床
竣 工 年 ▶ 不明	詳細部位 ▶ 床廻り	影　　響 ▶ 耐久性（中）
構造形式 ▶ RC造	材　　料 ▶ Pタイル	発生要因 ▶ 無知
撮 影 年 ▶ 2009年	症　　状 ▶ 点検困難	責任の所在 ▶ 利用者

　不適切な事例は、開閉困難な床の点検口である。点検口は倉庫内に設けられていて、その上には棚が設置されている。点検口を開閉するには、まず棚の荷物をすべてほかに移し、さらに棚自体も移動させなければならない。このままでは、点検の必要が生じてもすばやい対応はできないし、定期的な点検作業は困難である。

　適切な事例のように、床面点検口の上には物品などを置かないよう維持管理することが最も重要であり、建物オーナーや利用者に対してビル管理者や点検作業者がこうした問題を指摘し、改善を提案する努力が求められる。

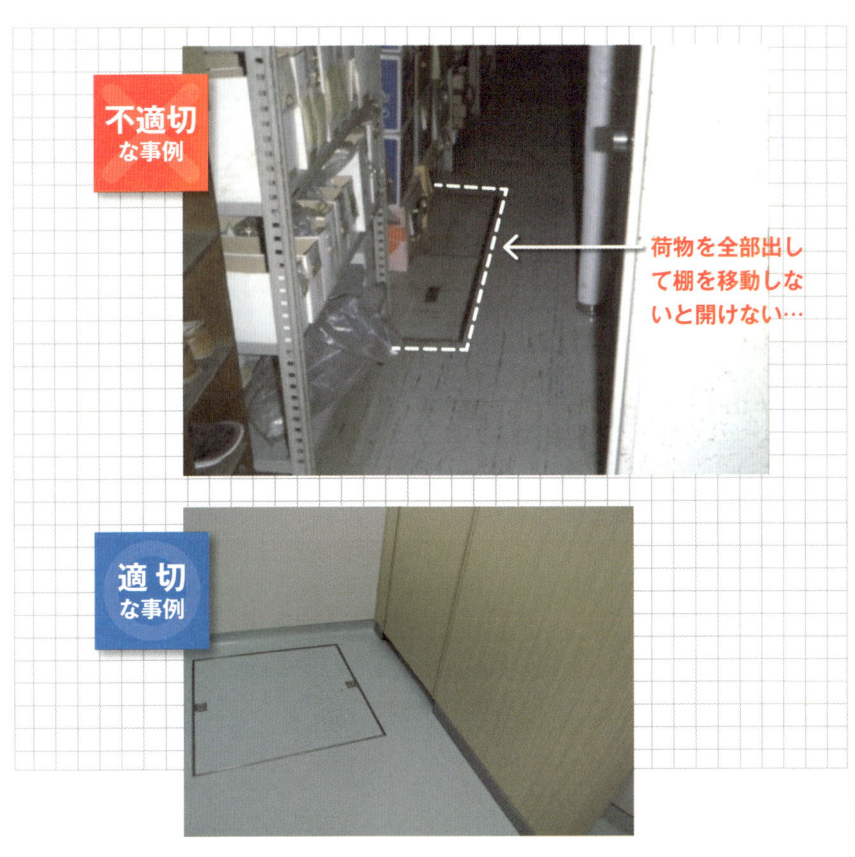

不適切な事例

荷物を全部出して棚を移動しないと開けない…

適切な事例

障害物のある通路

所 在 地	埼玉県	部　　位	通路	発生箇所	建築—床
竣 工 年	不明	詳細部位	床廻り	影　　響	安全性（中）
構造形式	RC造	材　　料	Pタイル	発生要因	無知
撮 影 年	2012年	症　　状	利用障害	責任の所在	利用者

　不適切な事例は、障害物があるために通りにくくなっている通路である。高齢者や障がい者が利用する通路の出入口近くに傘立が置かれていて、車椅子での通行に支障が出ている。また、この出入口が消防法に定められた避難口であることも大きな問題である。万一、この障害物が避難の妨げになった場合、建物オーナーや維持管理者の責任が問われることになる。

　適切な事例のように、通路には物を置かないよう維持管理するのが望ましい。

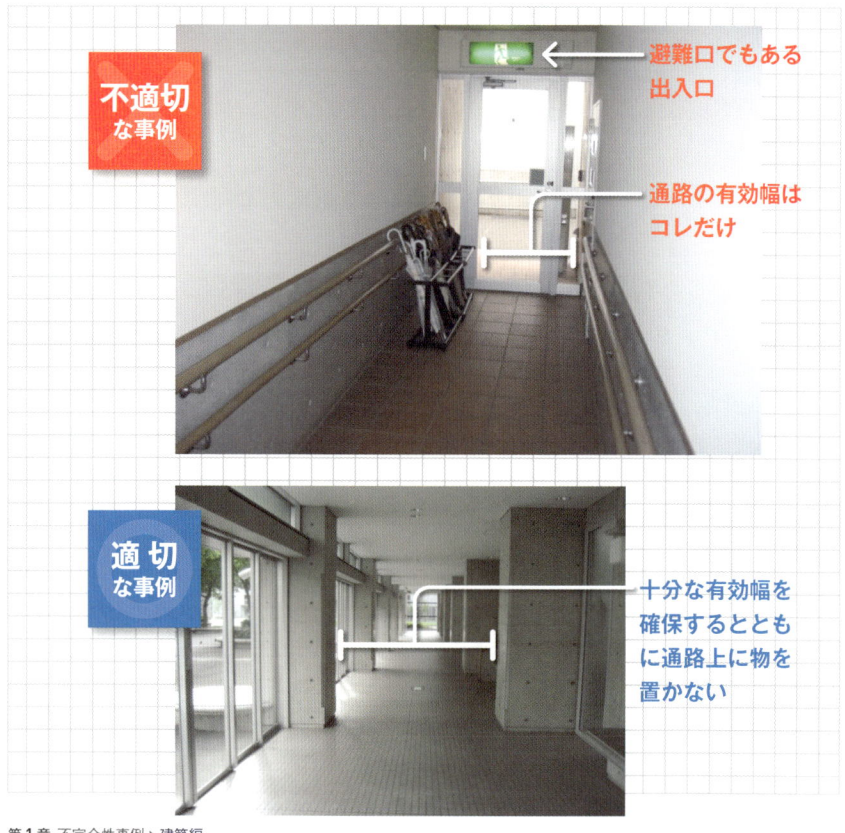

不適切な事例
- 避難口でもある出入口
- 通路の有効幅はコレだけ

適切な事例
- 十分な有効幅を確保するとともに通路上に物を置かない

大きな段差の浴室出入口

所 在 地 ▶ 北海道	部　　位 ▶ 床	発生箇所 ▶ 建築—床
竣 工 年 ▶ 不明	詳細部位 ▶ 床廻り	影　　響 ▶ 安全性(中)
構造形式 ▶ RC造	材　　料 ▶ コンクリート	発生要因 ▶ 設計不良
撮 影 年 ▶ 2005年	症　　状 ▶ 利用障害	責任の所在 ▶ 設計者

　不適切な事例は、大きな段差のある浴室出入口である。トイレから浴室に出入りする部分に高さ35cmほどの段差があり、高齢者や障がい者が利用するには支障がある。最近のユニットバスは床一体型で設計されているので、このような不適切な事例が今後発生する可能性はきわめて低いと思われる。

　適切な事例のように段差を極力少なくするというユニバーサルデザインの考え方に適う改善策としては、ユニットバスに交換するしかない。

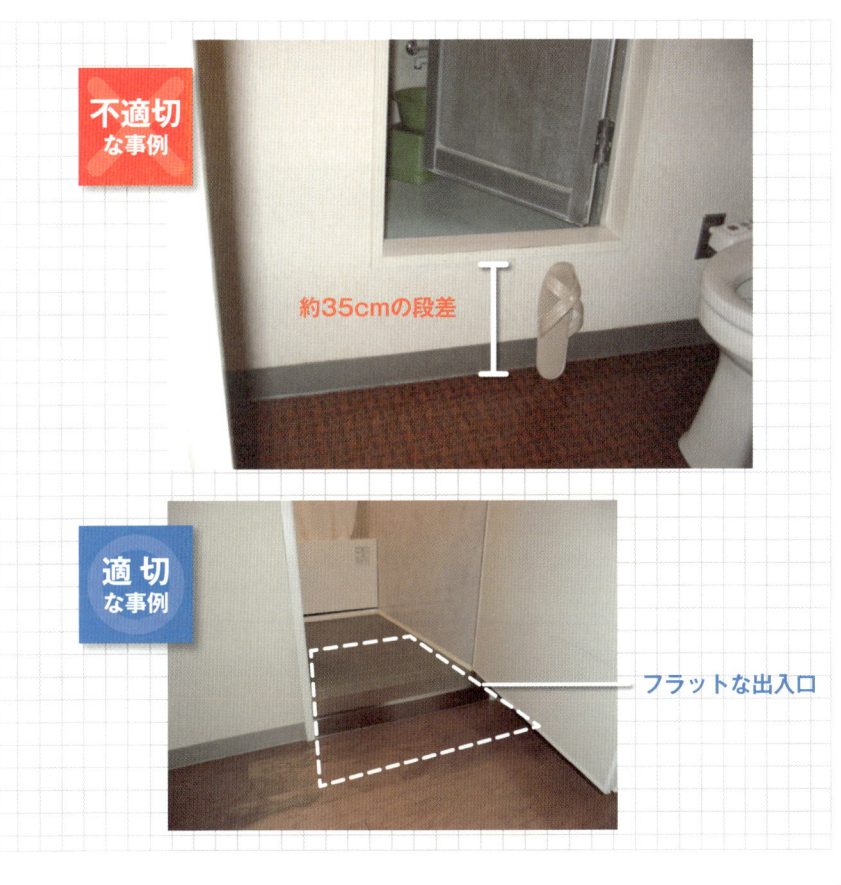

不適切な事例
約35cmの段差

適切な事例
フラットな出入口

041

エキスパンションジョイントではない渡り廊下

所 在 地 ▶ 東京都	部　　位 ▶ 通路	発生箇所 ▶ 建築—床
竣 工 年 ▶ 不明	詳細部位 ▶ 床廻り	影　　響 ▶ 安全性（中）
構造形式 ▶ RC造	材　　料 ▶ コンクリート	発生要因 ▶ 設計不良
撮 影 年 ▶ 2010年	症　　状 ▶ 危険誘因	責任の所在 ▶ 設計者

　不適切な事例は、地震が起きると心配な渡り廊下である。建物は免震構造で、地震対策への配慮が十分になされているが、なぜかこの渡り廊下は建物に固定された状態で、エキスパンションジョイントにはなっていない。そのため、地震発生時にこの渡り廊下だけが破損する可能性がある。

　エキスパンションジョイントは、異なる性状をもった構造体同士を分割して力が伝達しないようにする継目であり、適切な事例のようにこの工法を採用することは、建物の破損を防ぎ、長寿命につながる有効な手立ての一つである。

渡り廊下の破損はガラスの崩壊・落下につながる可能性あり

不適切な事例

適切な事例

点検に不便なキュービクル前の段差

所 在 地 ▶ 埼玉県	部　　位 ▶ 床	発生箇所 ▶ 建築—床
竣 工 年 ▶ 1989年	詳細部位 ▶ 床面	影　　響 ▶ 安全性(小)
構造形式 ▶ RC造	材　　料 ▶ コンクリート	発生要因 ▶ 設計不良
撮 影 年 ▶ 2004年	症　　状 ▶ 点検困難	責任の所在 ▶ 設計者

　不適切な事例は、作業スペースが中途半端なキュービクル（キュービクル式高圧受電設備）である。扉のすぐ手前に段差があり、扉を開閉するために取手を操作するには、段差の上の狭いスペースに上がらなければならない。また、扉を開いて内部の点検作業などをするには、段差に上ったり下りたりを繰り返す必要がある。使いにくいことこの上なく、感電事故や転倒事故につながるおそれがある。

　設計者はもちろん、維持管理者や点検業者も、受電設備の重要性を認識すべきであり、適切な事例のように、キュービクルの前面は平坦な床仕上げとしなければならない。

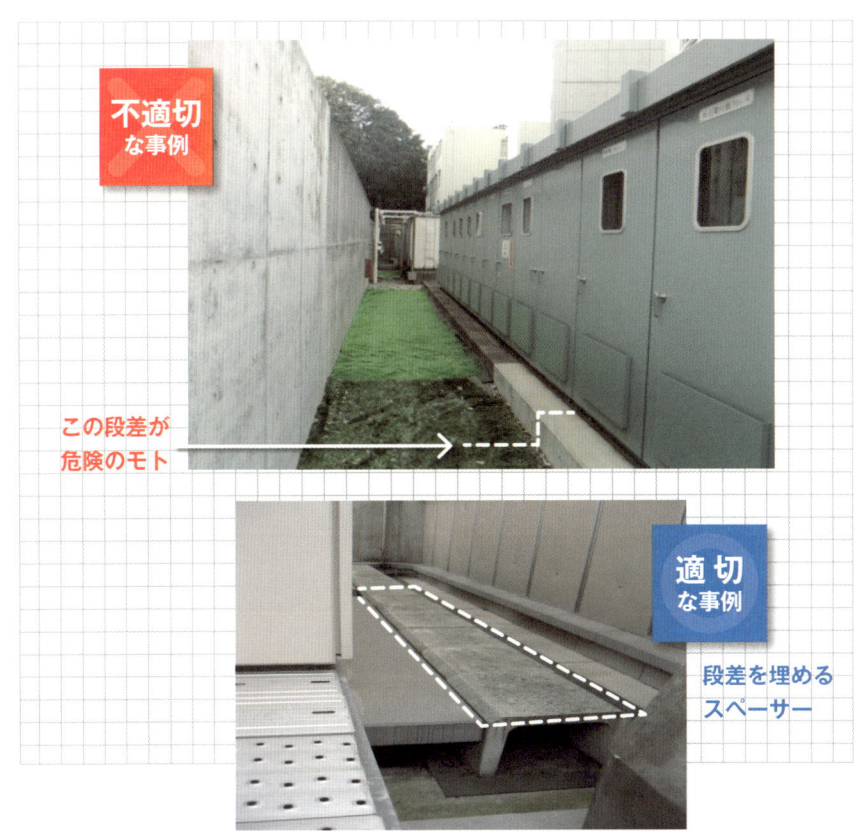

不適切な事例

この段差が危険のモト

適切な事例

段差を埋めるスペーサー

043

泥はねで汚れた外壁

所 在 地 ▶ 埼玉県	部　　位 ▶ 床	発 生 箇 所 ▶ 建築―床
竣 工 年 ▶ 2009年	詳 細 部 位 ▶ 地面	影　　響 ▶ 快適性（中）
構 造 形 式 ▶ RC造	材　　料 ▶ 土	発 生 要 因 ▶ 設計不良
撮 影 年 ▶ 2011年	症　　状 ▶ 汚れ	責任の所在 ▶ 設計者

　不適切な事例は、地面での泥はねが原因で汚れた外壁である。雨水が庇から地面に落ち、それが泥を伴ってはね上がり、外壁を汚してしまっている。美観を損ねること甚だしく、定期的な清掃を行わなければならなくなっている。

　適切な事例のように、外壁と地盤面の際に犬走りを設けて砂利などを敷くことで、雨水のはね返りをなくすことができる。

不適切な事例

雨水が真上の庇から落ちて

① 雨水が庇から落ちて
② 地面で泥を伴ってはね上がり、外壁を汚す

適切な事例

砂利敷きの犬走り

044　第1章 不完全性事例 ▶ 建築編

頭上が危険な階段下

所 在 地 ▶ 東京都	部　　位 ▶ 階段	発 生 箇 所 ▶ 建築—階段
竣 工 年 ▶ 不明	詳 細 部 位 ▶ 階段下	影　　響 ▶ 安全性（中）
構 造 形 式 ▶ RC造	材　　料 ▶ コンクリート	発 生 要 因 ▶ 調査検討不足
撮 影 年 ▶ 2012年	症　　状 ▶ 危険誘因	責任の所在 ▶ 設計者

　不適切な事例は、頭上が危険な階段下である。足元の注意書きに気を取られていると、頭を階段下にぶつけてけがをする可能性がある。この事例の場合は、注意書きを床面ではなく、歩行者の目線の高さに設置すべきと考えられる。また、階段下を人が通れなくすることも、事故防止の一つの手段である。ただし、何よりも大切なことは、設計者が、人の動線を十分に考慮して、このような危険な箇所をつくらない設計をすることである。

　適切な事例のように、柵を設けることで人の階段下への進入を防ぐと同時に、デッドスペースになっている階段下に椅子を配置して空間の有効活用を図る、といった対策が考えられる。

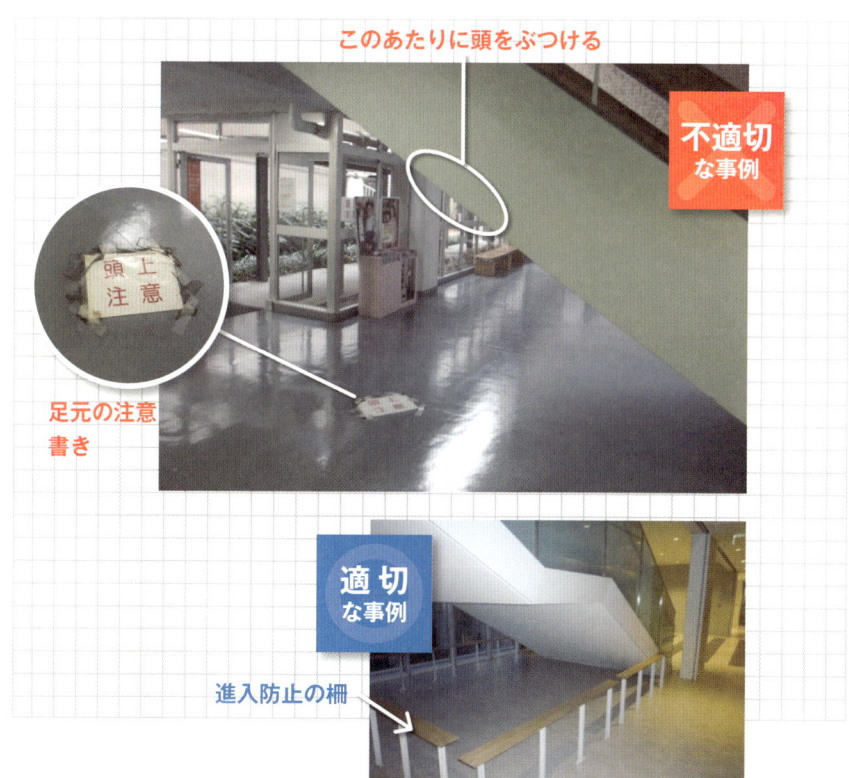

このあたりに頭をぶつける

不適切な事例

足元の注意書き

適切な事例

進入防止の柵

045

傾斜が急なスロープ

階段

所 在 地 ▶ 埼玉県	部　　位 ▶ 階段	発生箇所 ▶ 建築―階段
竣 工 年 ▶ 不明	詳細部位 ▶ スロープ	影　　響 ▶ 安全性(中)
構造形式 ▶ RC造	材　　料 ▶ 磁器タイル	発生要因 ▶ 設計不良
撮 影 年 ▶ 2007年	症　　状 ▶ 利用障害	責任の所在 ▶ 設計者

　不適切な事例は、傾斜（勾配）が急すぎるスロープである。しかも手摺が設けられておらず、車椅子利用者が自力でスロープを上る際、とても不便（危険）である。勾配を緩くするにはスロープを長くする必要があるが、スペースの関係でそれが難しい場合は、スロープを折り返しにするなどの対策が求められる（その場合は、折り返しでの通行に支障がないだけのスロープ幅の確保も必要）。

　適切な事例のように、「高齢者、障害者等の移動の円滑化等の促進に関する法律」の定めに従って、スロープの勾配は1/12以下、スロープの幅は120cm以上とすべきである。

不適切な事例

傾斜が急で、かつ、手摺もなし

適切な事例

スロープを折り返しにすることで緩勾配に

入り組んだ階段とスロープ

階段

所 在 地 ▶ 東京都	部　　位 ▶ スロープ	発生箇所 ▶ 建築—階段
竣 工 年 ▶ 不明	詳細部位 ▶ スロープ面	影　　響 ▶ 安全性(中)
構造形式 ▶ RC造	材　　料 ▶ 磁器タイル	発生要因 ▶ 設計不良
撮 影 年 ▶ 2007年	症　　状 ▶ 利用障害	責任の所在 ▶ 設計者

　不適切な事例は、複雑に入り組んだ階段とスロープである。その入り組み方があまりに複雑なためだろうか、階段の蹴上げの高さや段数が場所によって異なっている。また、スロープには手摺が設けられておらず、転倒・転落の危険性がある。高齢者や障がい者への配慮に欠けていると言わざるを得ない。

　不適切な事例と異なり屋内のものではあるが、適切な事例のように階段とスロープの動線は別々にすべきであり、階段、スロープともに手摺を設けるのが望ましい。

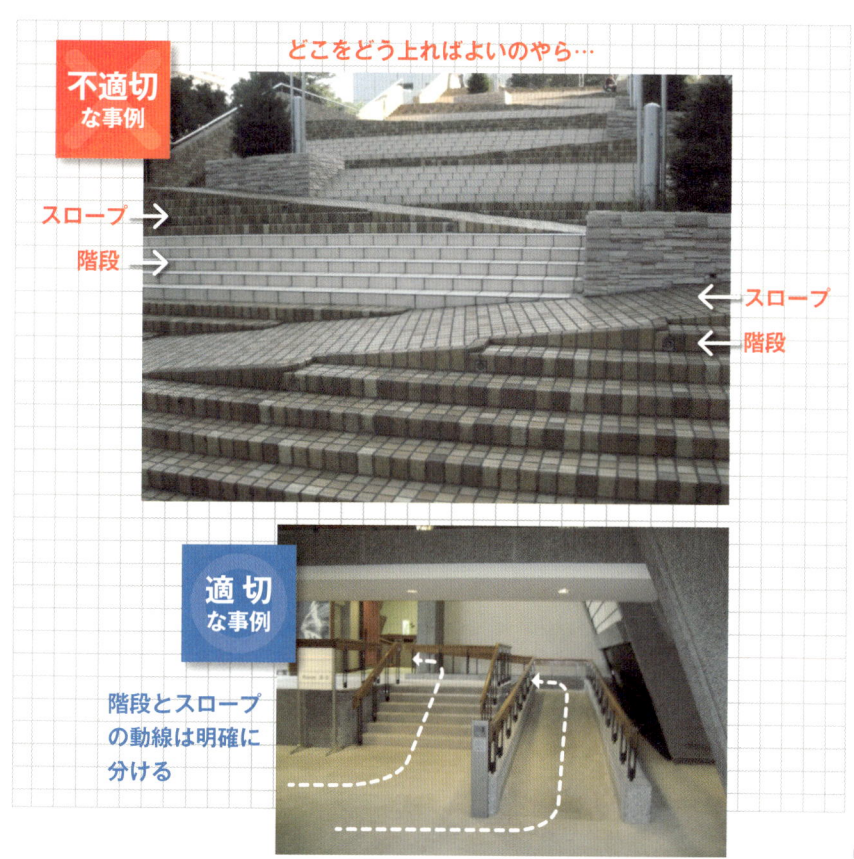

不適切な事例

どこをどう上ればよいのやら…

スロープ →
階段 →
← スロープ
← 階段

適切な事例

階段とスロープの動線は明確に分ける

047

手摺のない階段

所 在 地 ▶ 東京都	部　　位 ▶ 階段	発生箇所 ▶ 建築—階段
竣 工 年 ▶ 不明	詳細部位 ▶ 階段廻り	影　　響 ▶ 安全性(中)
構造形式 ▶ RC造	材　　料 ▶ 磁器タイル	発生要因 ▶ 設計不良
撮 影 年 ▶ 2005年	症　　状 ▶ 危険誘因	責任の所在 ▶ 設計者

　不適切な事例は、左右のどちらの壁にも手摺が設けられていない、階高が約3mの階段である。転倒・転落の危険性があり、高齢者や障がい者への配慮不足である。建築基準法施行令第25条では、幅が3mを超える階段には中間に手摺を設けることが義務づけられている。この階段の幅や高さは踊り場もあるので法令違反ではないが、不特定多数の人が利用するものであることからすれば、蹴上げが15cm以下で、かつ、踏面が30cm以上でも手摺の設置が望ましい。

　適切な事例のように、設計者は法令の遵守は当然のこととして、利用者に配慮した、より安全な建物を設計しなくてはならない。

048　第1章 不完全性事例 ▶ 建築編

蹴上げ高さが変わる階段

所 在 地 ▶ 東京都	部　　位 ▶ 階段	発 生 箇 所 ▶ 建築―階段
竣 工 年 ▶ 不明	詳細部位 ▶ 蹴上げ	影　　響 ▶ 安全性（中）
構造形式 ▶ RC造	材　　料 ▶ 鉄筋コンクリート	発生要因 ▶ 設計不良
撮 影 年 ▶ 2004年	症　　状 ▶ 利用障害・危険誘因	責任の所在 ▶ 設計者

　不適切な事例は、段によって蹴上げ高さが異なる階段である。1段目の蹴上げが約6cmと異常に低くなっている。同様の階段は数多く見かけるが、これだけ蹴上げ高さが変わると、高齢者や障がい者などが昇降時につまずいて転倒する危険性がとても高くなる。

　施工者は当然、工事の段階で問題に気が付いていたはずであり、適切な事例のように、設計どおりに蹴上げの高さを均等に施工すべきであった。

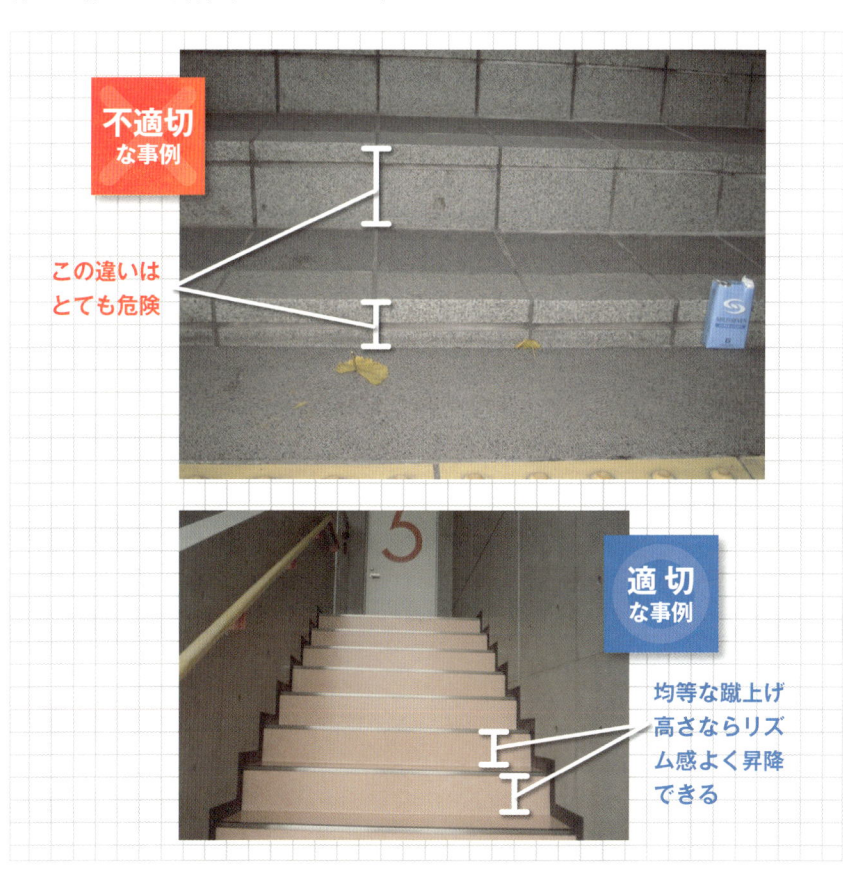

不適切な事例
この違いは
とても危険

適切な事例
均等な蹴上げ高さならリズム感よく昇降できる

049

段鼻が見えにくい階段

所 在 地 ▶ 東京都	部　　位 ▶ 階段	発 生 箇 所 ▶ 建築—階段
竣 工 年 ▶ 不明	詳 細 部 位 ▶ 踏面	影　　響 ▶ 安全性(中)
構 造 形 式 ▶ RC造	材　　料 ▶ 磁器タイル	発 生 要 因 ▶ 調査検討不足
撮 影 年 ▶ 2008年	症　　状 ▶ 利用障害・危険誘因	責任の所在 ▶ 設計者

　不適切な事例は、段鼻が見えにくい（視認しづらい）階段である。階段の素材や仕上げ、色が1種類のみで変化がないため、一段一段の踏面がどこまであって、どこに段差があるのかよくわからず、高齢者や障がい者、子どもが昇降する際には、階段を踏み外しての転倒・転落の危険性がある。

　改善策としては、適切な事例のように、段鼻だけ色を変え、視認しやすいノンスリップを貼る、沓摺部分に深さ3mm程度の切り込み（溝）をつくる、などが考えられる。設計者には、法令遵守はもちろんのこと、階段というある種危険な部位をより安全なものにする設計が求められる。

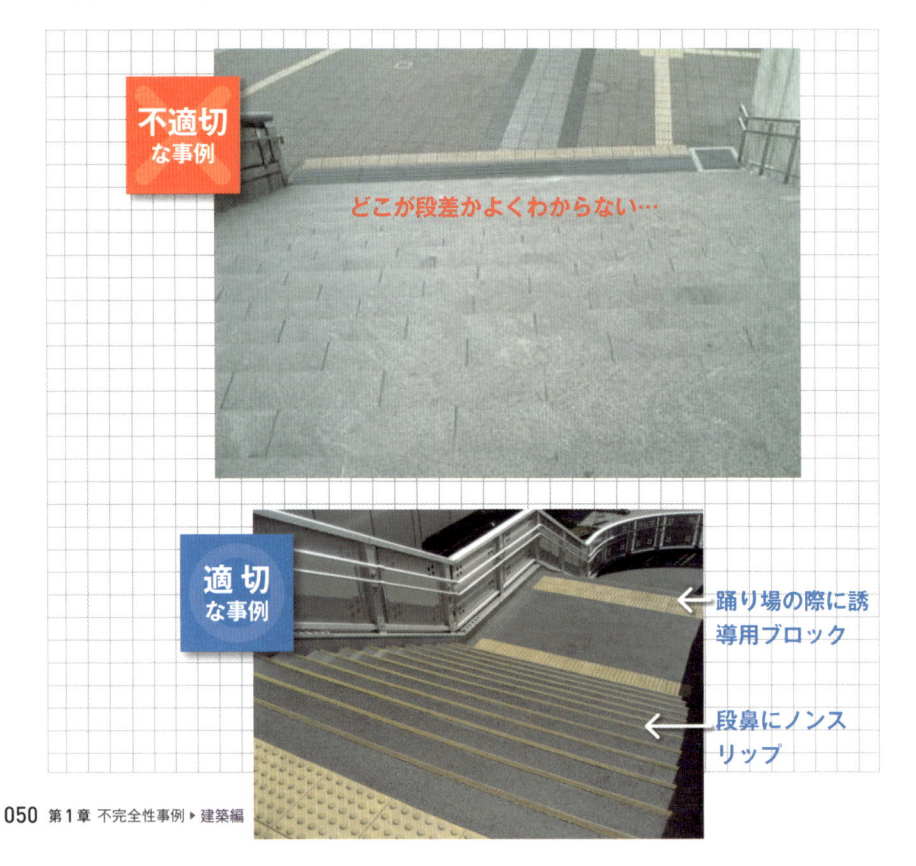

不適切な事例　どこが段差かよくわからない…

適切な事例
← 踊り場の際に誘導用ブロック
← 段鼻にノンスリップ

なぜか流し台のある階段室

所 在 地 ▶ 石川県	部　　位 ▶ 階段	発生箇所 ▶ 建築──階段
竣 工 年 ▶ 不明	詳細部位 ▶ 踊り場	影　　響 ▶ 安全性(大)
構造形式 ▶ RC造	材　　料 ▶ Pタイル	発生要因 ▶ 調査検討不足
撮 影 年 ▶ 2011年	症　　状 ▶ 危険誘因	責任の所在 ▶ オーナー

　不適切な事例は、流し台が置かれた階段室である。なぜこの位置に設置されているのか、理由は不明だが、緊急時に避難の妨げになってしまうおそれがあるので、階段踊り場にこのような設備ユニットを配置すべきではない。

　階段は、安全を確保するとともに、避難を速やかに行えるような配慮が必要であり、適切な事例のように、踊り場には何も置かず、避難動線が十分に確保できる状態にしておくべきである。

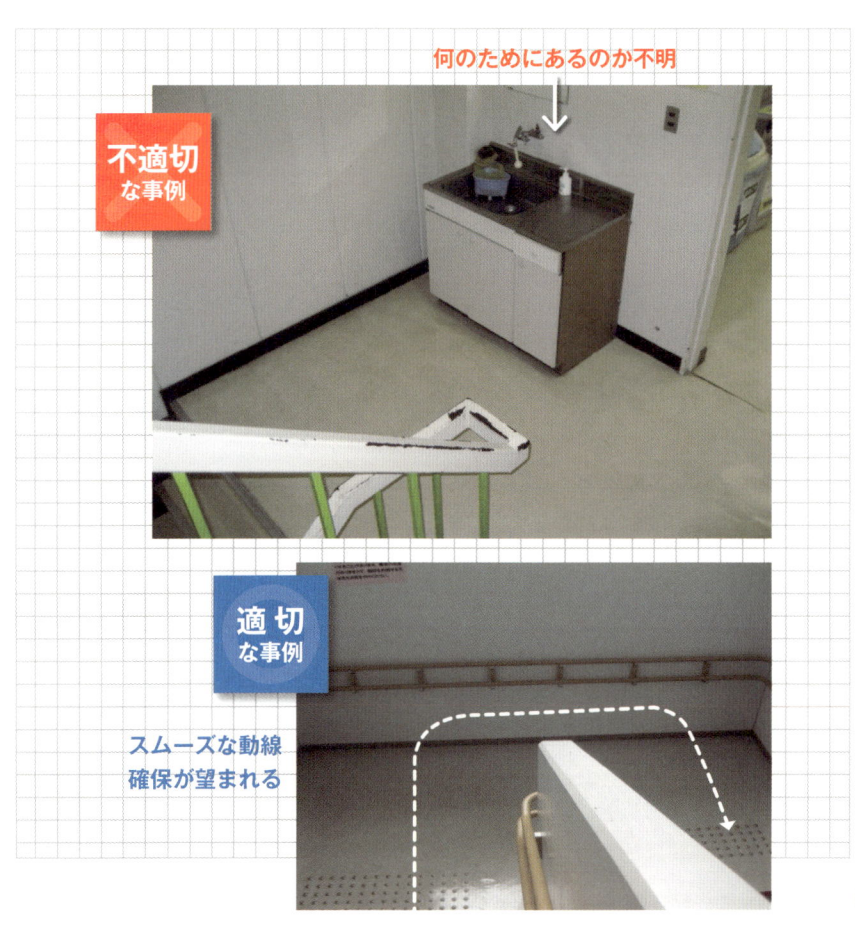

不適切な事例
何のためにあるのか不明

適切な事例
スムーズな動線
確保が望まれる

階段下のデッドスペース

所 在 地 ▶ 北海道	部　　位 ▶ 階段	発生箇所 ▶ 建築—階段
竣 工 年 ▶ 不明	詳細部位 ▶ 階段下	影　　響 ▶ 安全性(中)
構造形式 ▶ S造	材　　料 ▶ 鉄骨	発生要因 ▶ 設計不良
撮 影 年 ▶ 2005年	症　　状 ▶ 危険誘因	責任の所在 ▶ 設計者

　不適切な事例はデッドスペース化している階段下で、過去に何らかの事故が発生したのか、進入禁止の柵（ロープ）が設置されている。こうした階段下のデッドスペースは、通行者が頭をぶつけるといった事故が起きる可能性があり、危険である。

　改善策としては、適切な事例のように植栽やベンチを設けるなどして、階段下が利用者の動線とならないようにする方法がある。設計者は、デッドスペースの発生を極力回避するとともに、どうしても避けられない場合は、利用者の動線を十分に調査検討して、安全性の確保に努めなければならない。

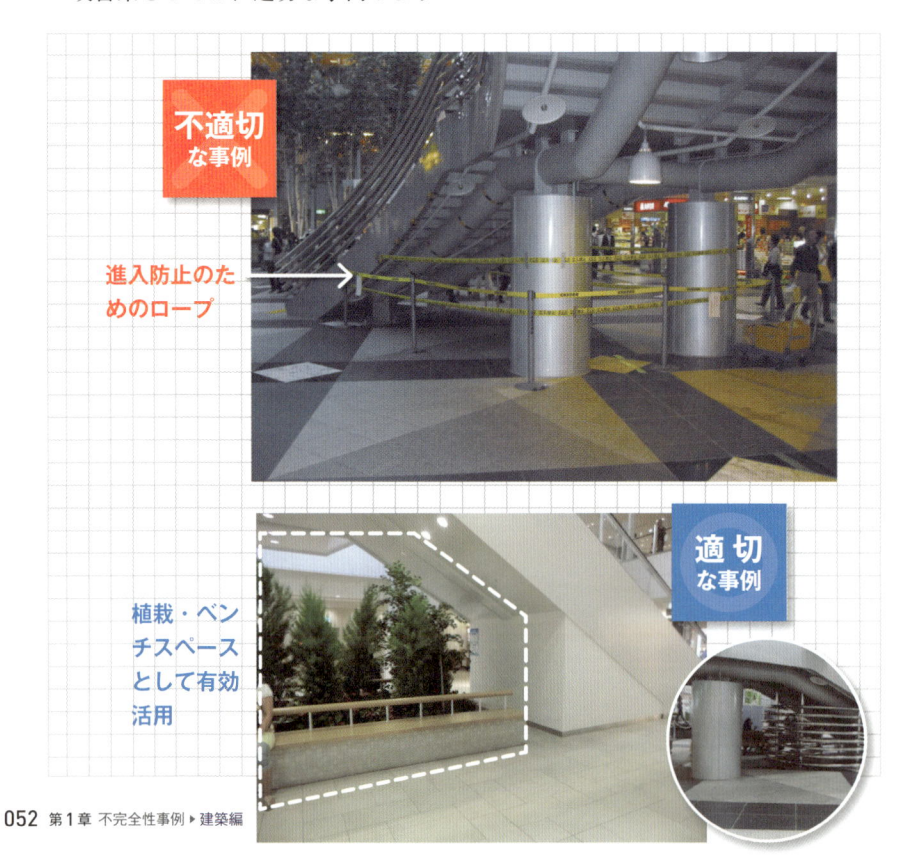

不適切な事例
進入防止のためのロープ

適切な事例
植栽・ベンチスペースとして有効活用

頭がぶつかる階段

所 在 地 ▶ 東京都	部　　位 ▶ 階段	発生箇所 ▶ 建築―階段
竣 工 年 ▶ 不明	詳細部位 ▶ 天井	影　　響 ▶ 安全性（中）
構造形式 ▶ S造	材　　料 ▶ プラスターボードVP仕上げ	発生要因 ▶ 設計不良
撮 影 年 ▶ 2012年	症　　状 ▶ 危険誘因	責任の所在 ▶ 設計者

不適切な事例は、天井が低く、下りる際に頭がぶつかってしまう階段である。長身の人は昇降のたび、頭をぶつけないよう腰を屈めなくてはならず、そこまでしなくてもよい人であっても、天井が低いことによる圧迫感を感じる。

この種の問題は、建物完成後に改善するのは不可能であり、設計段階で断面図などでのチェックを十分に行って、適切な事例のように余裕のある天井高を確保する以外、対処のしようがない。

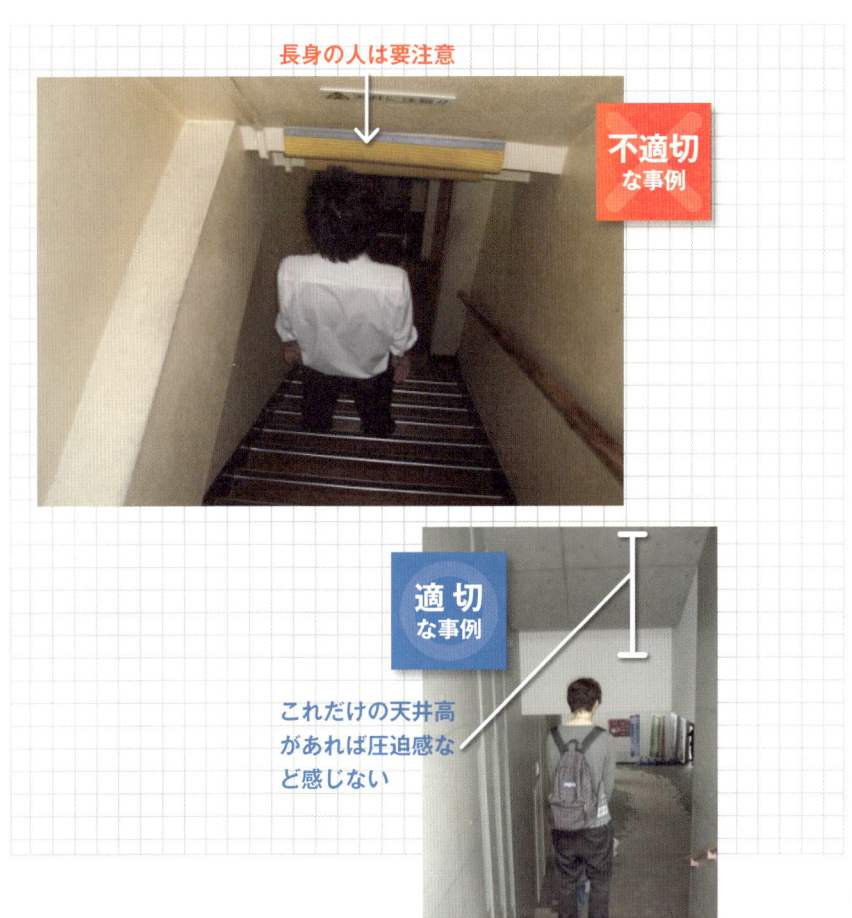

長身の人は要注意

不適切な事例

適切な事例

これだけの天井高があれば圧迫感など感じない

防犯上も危険なタラップ

階段

所 在 地 ▶	埼玉県	部　　　位 ▶	外壁	発生箇所 ▶	建築―階段
竣 工 年 ▶	不明	詳 細 部 位 ▶	外壁のタラップ	影　　響 ▶	安全性(中)
構造形式 ▶	RC造	材　　　料 ▶	スチール	発生要因 ▶	設計不良
撮 影 年 ▶	2009年	症　　　状 ▶	危険誘因	責任の所在 ▶	設計者

　不適切な事例は、使用の際の安全性も防犯上も問題のあるタラップである。屋上の点検・整備のために設けられているものだが、梯子柵がなく落下の危険性がある。また、外部から屋上に侵入できてしまうため、防犯上も問題である。すぐ横には別のタラップが設置されており、そもそも問題のタラップが必要なのかも不明である。

　適切な事例のように、安全性と防犯面を考慮すれば、このタラップは撤去すべきである。

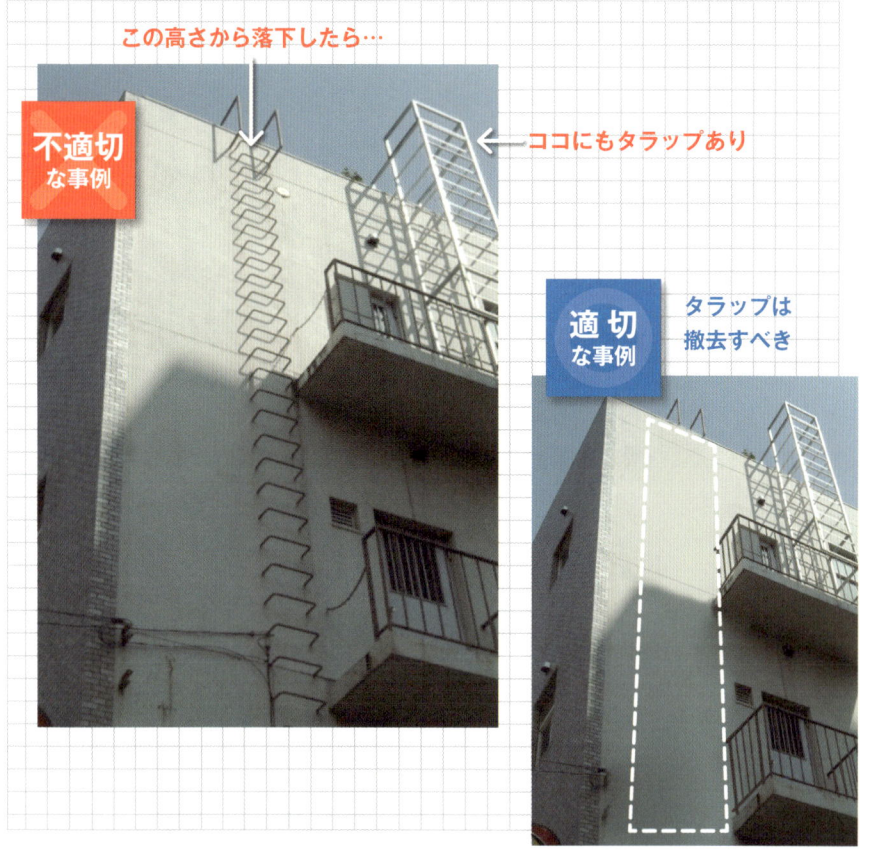

不適切な事例
↓ この高さから落下したら…
← ココにもタラップあり

適切な事例
タラップは撤去すべき

途中で途切れている手摺

階段

所 在 地 ▶ 埼玉県	部　　位 ▶ 階段	発生箇所 ▶ 建築—階段
竣 工 年 ▶ 不明	詳細部位 ▶ 手摺	影　　響 ▶ 安全性(中)
構造形式 ▶ SRC造	材　　料 ▶ アルミ	発生要因 ▶ 設計不良
撮 影 年 ▶ 2005年	症　　状 ▶ 利用障害・危険誘因	責任の所在 ▶ 設計者

　不適切な事例は、途中までしか設置されていない階段の手摺である。建物の1階から2階に上がる階段で、最下段から4段分の手摺がない。上階から下りてきたとき手摺がないことに気づかず、バランスを崩して転倒・転落するおそれがある。特に高齢者や障がい者などの手摺を必要とする人は、昇降に難がある。

　適切な事例のように、ユニバーサルデザインの観点からも、階段の手摺は最下段まで設けるべきである。

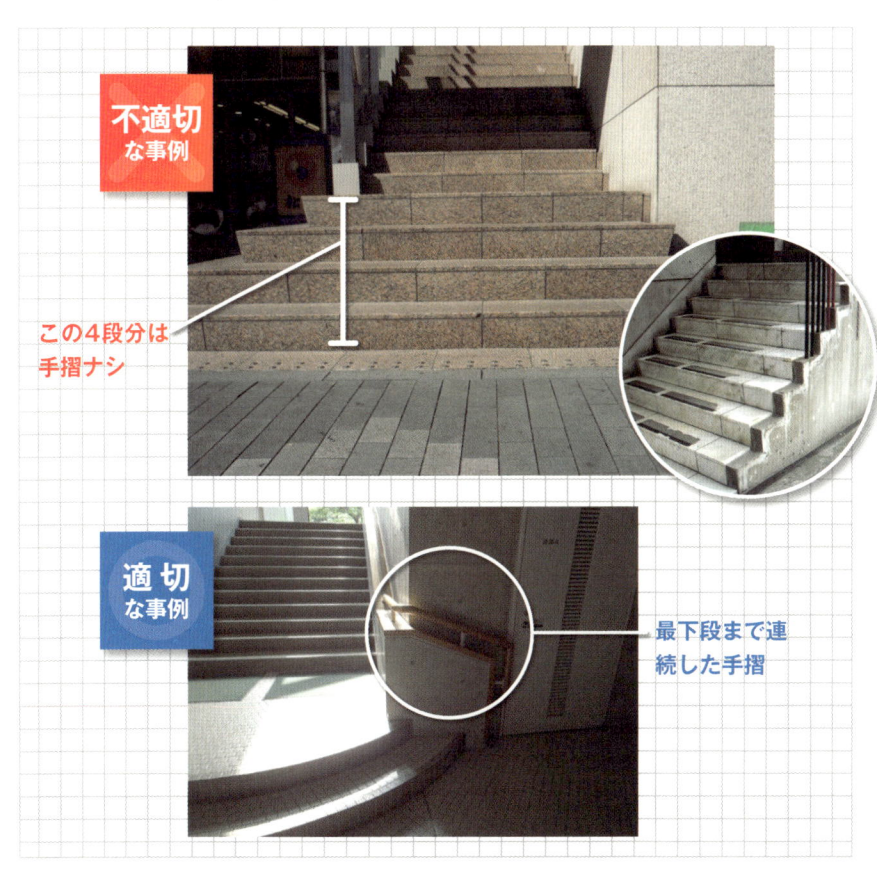

不適切な事例
この4段分は手摺ナシ

適切な事例
最下段まで連続した手摺

055

スロープ前に障害物

階段

所 在 地 ▶ 埼玉県	部 位 ▶ スロープ	発 生 箇 所 ▶ 建築―階段
竣 工 年 ▶ 不明	詳 細 部 位 ▶ スロープ前	影 響 ▶ 安全性（中）
構 造 形 式 ▶ RC造	材 料 ▶ 磁器タイル	発 生 要 因 ▶ 不注意
撮 影 年 ▶ 2009年	症 状 ▶ 利用障害	責任の所在 ▶ 維持管理者

不適切な事例は、上り口前に通行の妨げとなる障害物が置かれたままになっているスロープである。この状態では、スロープを最も必要としている車椅子利用者が通行できない。

適切な事例は、維持管理者がしっかり管理すれば良好な状態を維持できる好例である。緩勾配で手摺付きと、ユニバーサルデザインに十分配慮した設計でもある。

不適切な事例

ココは車椅子では通れない

適切な事例

緩勾配で手摺付き、もちろん障害物もナシ

転落のおそれがある階段手摺

階段

所 在 地 ▶ 不明	部　　位 ▶ 階段	発 生 箇 所 ▶ 建築─階段
竣 工 年 ▶ 不明	詳 細 部 位 ▶ 手摺	影　　響 ▶ 安全性（中）
構 造 形 式 ▶ S造	材　　料 ▶ スチール	発 生 要 因 ▶ 調査検討不足
撮 影 年 ▶ 2007年	症　　状 ▶ 危険誘因	責任の所在 ▶ 設計者

　不適切な事例は、転落のおそれがある手摺を設置した階段である。手摺の縦桟の間隔が広い（※）ため、子どもなどが昇降する際、不注意や悪ふざけで転落する可能性がある。また、これだけの階高にもかかわらず、途中に踊り場が設けられていない直通階段である点も問題である。

　適切な事例のように、腰壁型の手摺であれば、少なくとも手摺の間から転落するおそれはない。

※　建築基準法には、手摺の高さは1.1m以上との定めがあるが、手摺子の形式や間隔についての規制はない。

不適切な事例

長すぎる直通階段も危険

ココから転落の危険性

適切な事例

転落の危険性が非常に高いタラップ

階段

所 在 地 ▶ 東京都	部　　位 ▶ 外壁	発生箇所 ▶ 建築―階段
竣 工 年 ▶ 不明	詳細部位 ▶ 外壁のタラップ	影　　響 ▶ 安全性（大）
構造形式 ▶ RC造	材　　料 ▶ スチール	発生要因 ▶ 設計不良
撮 影 年 ▶ 2012年	症　　状 ▶ 危険誘因	責任の所在 ▶ 設計者

　不適切な事例は、転落の危険性が非常に高いタラップである。これだけの高さがあるにもかかわらず梯子柵が設けられていない。また、タラップ自体に錆が発生しており、昇降時に破損してしまうおそれもある。非常に危険な状態で、使用は差し控えるべきである。

　適切な事例のように、タラップの周りには梯子柵を設け、かつ、劣化しにくい素材を使用することが望ましい。

この高さからの落下事故は想像したくない…

不適切な事例

適切な事例

転落防止のための梯子柵

危険な段差がある階段

階段

所 在 地	東京都	部　　位	階段	発生箇所	建築―階段
竣 工 年	不明	詳細部位	階段廻り	影　　響	安全性（大）
構造形式	RC造	材　　料	コンクリート	発生要因	設計不良
撮 影 年	2014年	症　　状	危険誘因	責任の所在	設計者

　不適切な事例は、下り口手前にわずかな段差のある階段である。ごく小さな立ち上がりではあるが、この段差でつまずいて転倒・転落の危険性がある。赤色のラインで注意を促しているものの、夜間などは気づかないものと思われる。

　適切な事例は改修工事後の状態である。やはり安全面でかなり問題があったようで、工事が早急に行われていた。改修工事の分、コスト増大にもつながっている。このような状況を生み出すことがないよう、設計者には外構の隅々にまで気を配ることを求めたい。

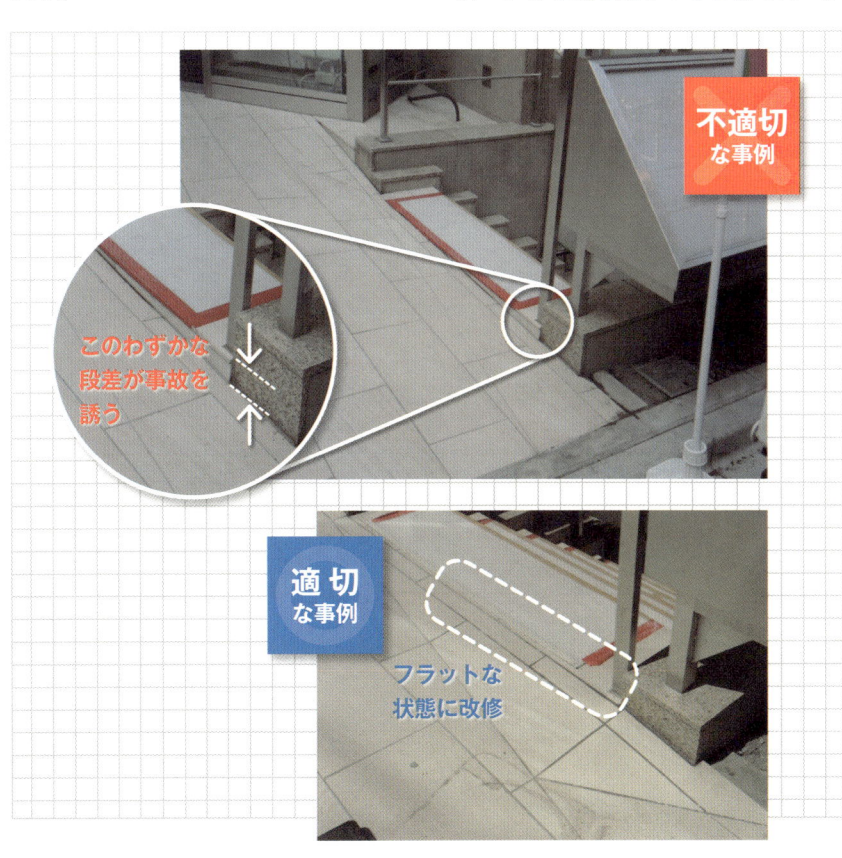

不適切な事例

このわずかな段差が事故を誘う

適切な事例

フラットな状態に改修

出会いがしらに衝突する階段

階段

所 在 地 ▶ 埼玉県	部　　位 ▶ 階段	発生箇所 ▶ 建築―階段
竣 工 年 ▶ 1998年	詳細部位 ▶ 階段廻り	影　　響 ▶ 安全性(中)
構造形式 ▶ RC造	材　　料 ▶ ―	発生要因 ▶ 設計不良
撮 影 年 ▶ 2013年	症　　状 ▶ 危険誘因	責任の所在 ▶ 設計者

　不適切な事例は、階段を下りてきた人と廊下の通行者が、出会いがしらに衝突するおそれのある階段である。階段の下り口（最下段）と廊下が直接接しているのがその原因で、動線計画に問題があると言わざるを得ない。

　適切な事例のように、最上段や最下段にスペースを設けたり、階段の存在に気づきやすいようサインを設置したりして、安全性に配慮することが求められる。

出会いがしらに衝突

不適切な事例

適切な事例

最上段・最下段にスペースを設けて安全を確保

洗面台使用者に当たるドア

建具

所 在 地	埼玉県	部 位	扉	発生箇所	建築―建具
竣 工 年	1991年	詳細部位	扉廻り	影 響	安全性（中）
構造形式	RC造	材 料	木製	発生要因	設計不良
撮 影 年	2008年	症 状	危険誘因・利用障害	責任の所在	設計者

　不適切な事例は、開くと洗面台を使っている人にぶつかってしまうトイレのドアである。出入口付近が狭く、人が出入りする際にすれ違うのも困難で、洗面台の使い勝手もよろしくない。そもそもの平面計画に無理があると言わざるを得ず、現状での改善案としては、開き戸を引き戸に変えるといった方法くらいしかない。

　設計者はスペース上無理な平面計画を避けるべきであり、適切な事例のように、サニタリースペースには十分広い空間を確保し、出入口の扉をなくし、かつ、内部が見えないプランを採用するのが望ましい。

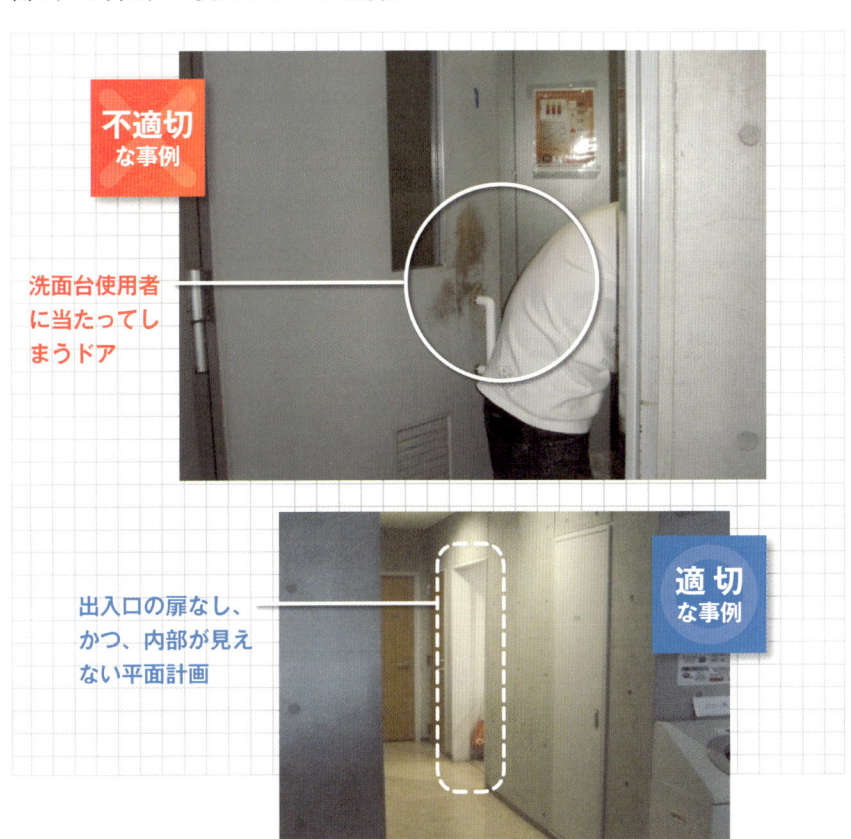

不適切な事例
洗面台使用者に当たってしまうドア

適切な事例
出入口の扉なし、かつ、内部が見えない平面計画

開閉できない開き戸

建具

所 在 地 ▶ 東京都	部　　位 ▶ 扉	発生箇所 ▶ 建築―建具
竣 工 年 ▶ 1973年	詳細部位 ▶ 扉廻り	影　　響 ▶ 快適性（中）
構造形式 ▶ RC造	材　　料 ▶ ―	発生要因 ▶ 調査検討不足
撮 影 年 ▶ 2004年	症　　状 ▶ 利用障害	責任の所在 ▶ 施工者

　不適切な事例は、改修工事の結果、開閉できなくなった扉である。床面の樹脂床仕上材を重ね貼りしたところ、床材に扉がひっかかって完全には開けなくなってしまった。日常的な部屋の出入りに支障があるのはもちろんだが、非常時の避難が困難になるおそれもある。原因は、施工の際の施工者の調査検討不足であり、工事の作業工程の適切な段階で扉と床材のクリアランスを確認していれば、避けられた事態といえる。

　対策としては、既存の床材を剥がしてから樹脂床仕上材を貼る工事を行うか、もしくは適切な事例のように、扉下部にアンダーカットを施すなどの方法が考えられる。

不適切な事例: 重ね貼りした樹脂床仕上材に当たって、これ以上開けない

適切な事例: 扉下部のアンダーカット

外開きの機械室の扉

建具

所 在 地 ▶ 北海道	部　　位 ▶ 扉	発生箇所 ▶ 建築—建具
竣 工 年 ▶ 不明	詳細部位 ▶ 扉廻り	影　　響 ▶ 安全性（小）
構造形式 ▶ RC造	材　　料 ▶ スチール	発生要因 ▶ 調査検討不足
撮 影 年 ▶ 2008年	症　　状 ▶ 危険誘因	責任の所在 ▶ 設計者

　不適切な事例は、外開きの機械室の扉である。扉自体の開閉頻度はさほど多くなくても、この扉が開いた際に歩行者にぶつかるおそれがあり、歩行者の往来が多ければなおさら危険である。設計者による動線計画の不備と言わざるを得ない。

　こうした扉を外開きにするなら、適切な事例のように、扉の開閉スペースを確保すべきである。

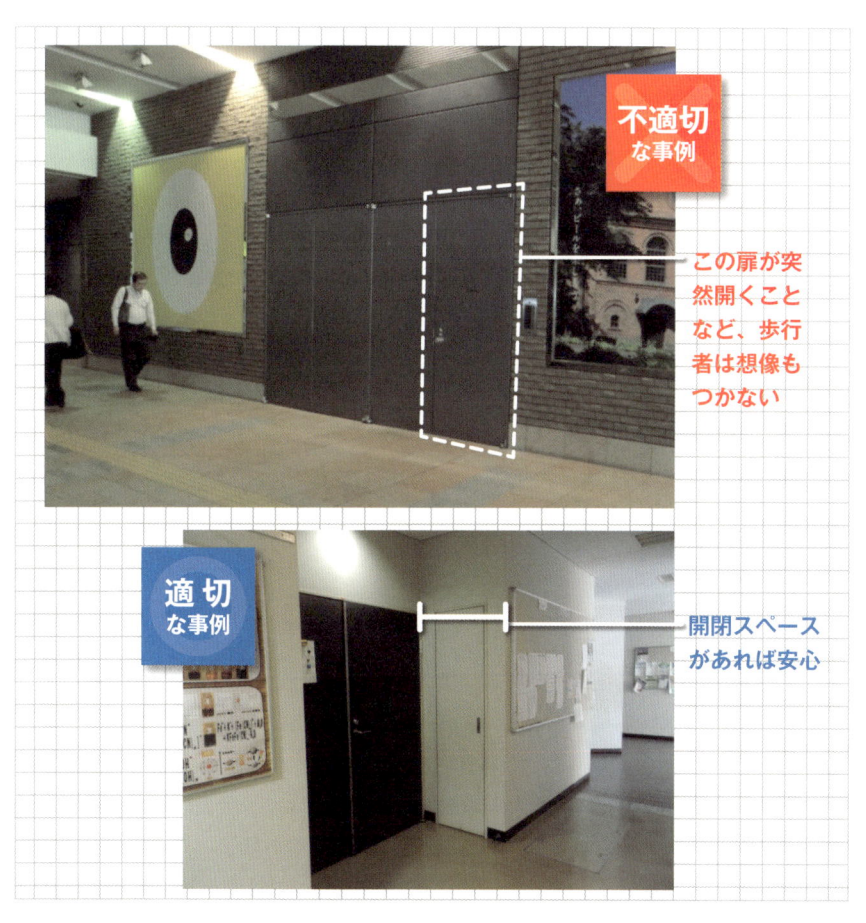

不適切な事例
この扉が突然開くことなど、歩行者は想像もつかない

適切な事例
開閉スペースがあれば安心

063

奥行きの狭い風除室

建具

所 在 地 ▶ 東京都	部　　位 ▶ 扉	発生箇所 ▶ 建築—建具
竣 工 年 ▶ 不明	詳細部位 ▶ 扉廻り	影　　響 ▶ 経済性(大)
構造形式 ▶ RC造	材　　料 ▶ ガラス・スチール	発生要因 ▶ 調査検討不足
撮 影 年 ▶ 2003年	症　　状 ▶ 機能障害	責任の所在 ▶ 設計者

　不適切な事例は奥行きの狭い風除室で、写真は1階エントランスホールから風除室方向を見たところである。風除室の外側の扉と内側の扉の間隔が狭いため、同時に開いてしまうことが多く、風除室の用をなさなくなっている。エントランスホールの空調が効かず、枯葉などのゴミが外部から舞い込んでくる。

　風除室の奥行きは最低4m以上確保するのが望ましく、あるいは適切な事例のように、タッチセンサ式の自動ドアにするのも有効な手立てである。

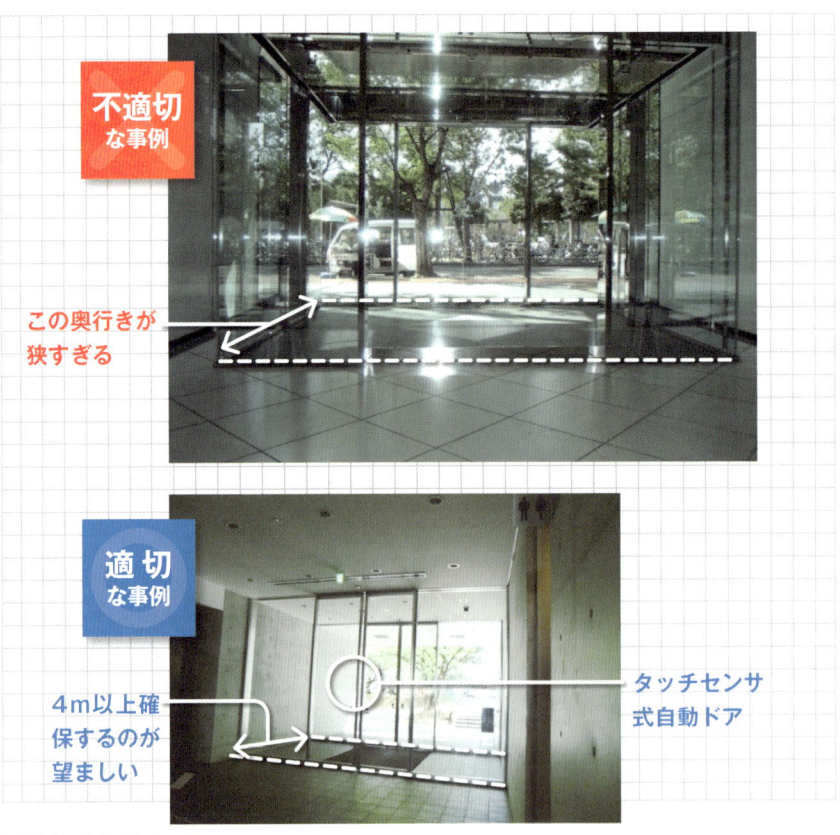

不適切な事例
この奥行きが狭すぎる

適切な事例
4m以上確保するのが望ましい
タッチセンサ式自動ドア

064　第1章 不完全性事例 ▶ 建築編

大きな段差のある開口部

建具

所　在　地 ▶ 愛知県	部　　　位 ▶ 扉	発 生 箇 所 ▶ 建築―建具
竣　工　年 ▶ 不明	詳 細 部 位 ▶ 扉廻り	影　　　響 ▶ 安全性（中）
構 造 形 式 ▶ RC造	材　　　料 ▶ ガラス・アルミ	発 生 要 因 ▶ 設計不良
撮　影　年 ▶ 2009年	症　　　状 ▶ 危険誘因	責任の所在 ▶ 設計者

　不適切な事例は、大きな段差のある開口部である。この開口部は非常口ではないが、段差があるため出入りする際につまずいたり、転倒する危険性があり、特に高齢者や障がい者は利用困難である。

　雨仕舞いの問題はあるが、開口部は、適切な事例のように段差をなるべくなくして、フラットに近い状態にすべきである。

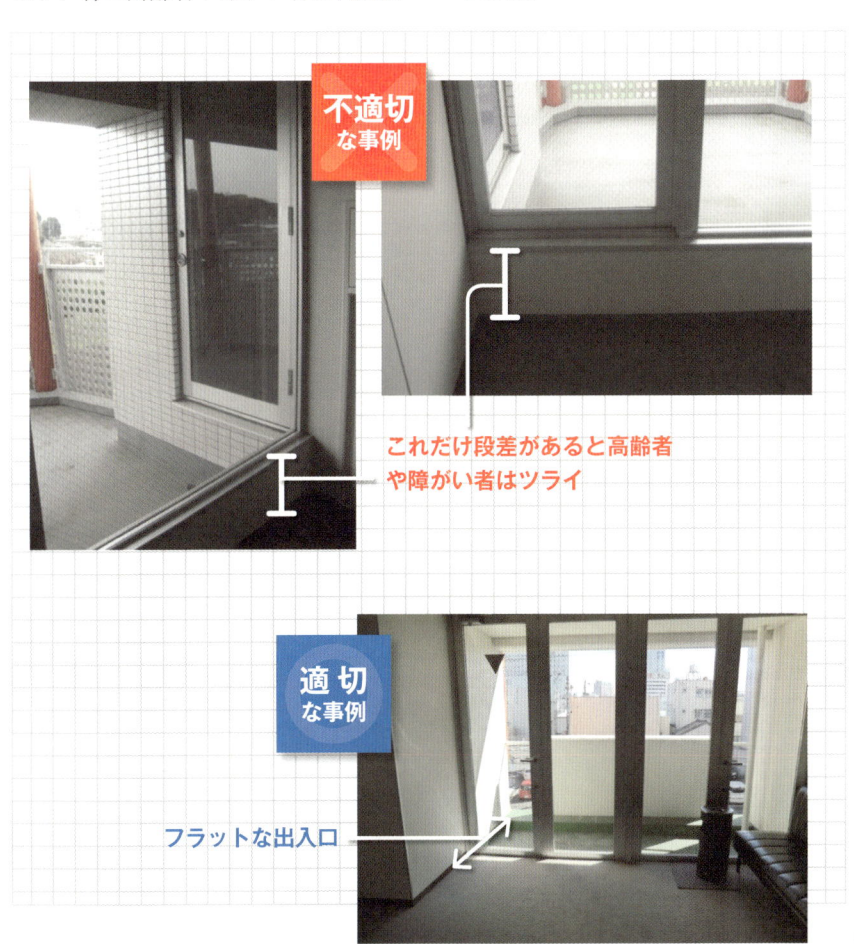

不適切な事例

これだけ段差があると高齢者や障がい者はツライ

適切な事例

フラットな出入口

開閉できなくした引違い戸

建具

所 在 地 ▶ 埼玉県	部　　位 ▶ 扉	発 生 箇 所 ▶ 建築—建具
竣 工 年 ▶ 2001年	詳 細 部 位 ▶ 扉廻り	影　　響 ▶ 快適性（中）
構 造 形 式 ▶ RC造	材　　料 ▶ ガラス・アルミ	発 生 要 因 ▶ 設計不良
撮 影 年 ▶ 2012年	症　　状 ▶ 利用困難	責任の所在 ▶ 設計者

　不適切な事例は、開閉が禁止されてしまった引違い戸である。本来、このガラス引違い戸は自由に開閉することができ、空気の入れ替えや人の出入りに用いられていた。しかし、冬季に開閉すると廊下の暖房が効かなくなるという理由で、開閉してはならないことになってしまった。これでは引違い戸にした意味がまったくないと言ってよい。

　設計者は熱負荷を十分に考慮した上で設計を行うべきであり、適切な事例のように、開閉する部分を計画時に特定しておく、といった検討を行うべきである。

開閉禁止になった引違い戸

不適切な事例

適切な事例

特定の部分のみ開閉

物置と化した避難階段出口

防災

所 在 地 ▶ 東京都	部　　位 ▶ 階段	発生箇所 ▶ 建築—防災
竣 工 年 ▶ 不明	詳細部位 ▶ 避難階段	影　　響 ▶ 安全性（大）
構造形式 ▶ RC造	材　　料 ▶ 鉄骨＋スチール	発生要因 ▶ 無知
撮 影 年 ▶ 2005年	症　　状 ▶ 危険誘因	責任の所在 ▶ 利用者・維持管理者

　不適切な事例は、出口に物が置かれている避難階段である。ゴミ箱や台車が乱雑に積まれていて、通行の妨げになっている。非常時の避難の際に障害になる可能性大である。原因は、利用者の避難階段についての認識不足と、維持管理者の管理が不十分であることによる。

　適切な事例のように、避難階段の出口は常にスペースをあけ、スムーズに避難できるよう管理すべきである。特に公共建築物など、不特定多数の人が利用する建物では日常点検・定期点検で徹底する必要がある。

不適切な事例

通り抜けられるようにしておこうという意志が感じられない物の置き方

適切な事例

侵入対策用の扉があるが、避難時の支障とはならない

067

非常口前の障害物

防災

所 在 地 ▶ 東京都	部　　位 ▶ 扉	発 生 箇 所 ▶ 建築―防災
竣 工 年 ▶ 1990年	詳 細 部 位 ▶ 非常口前	影　　　響 ▶ 安全性（大）
構 造 形 式 ▶ SRC造	材　　料 ▶ スチール	発 生 要 因 ▶ 不注意・無知
撮 影 年 ▶ 2008年	症　　状 ▶ 利用障害	責任の所在 ▶ 維持管理者

　不適切な事例は、扉の前に障害物が置かれている非常口である。高所作業用足場が置いてあり、扉を開閉することができない。また、誘導灯も作業用足場に隠れて見えづらくなっている。この建物の維持管理者の防災意識は希薄と言わざるを得ない。

　適切な事例のように、非常時に利用する非常口の周囲には物を置かず、十分なスペースを確保しておくべきである。

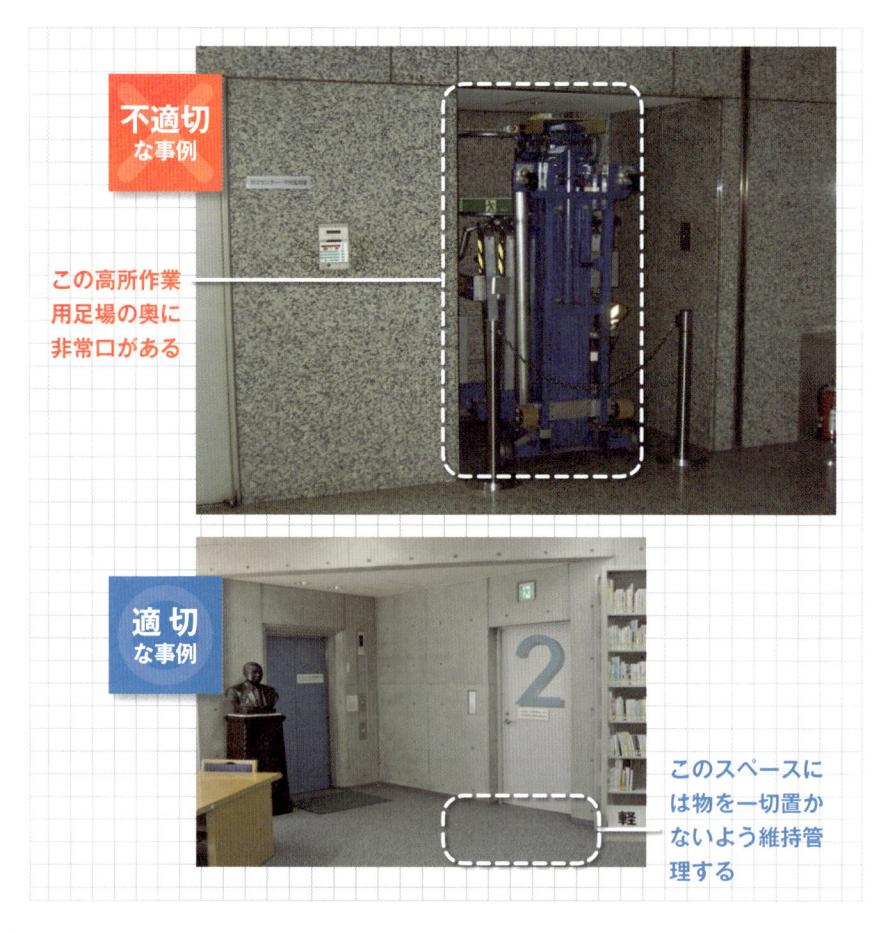

不適切な事例

この高所作業用足場の奥に非常口がある

適切な事例

このスペースには物を一切置かないよう維持管理する

068　第1章 不完全性事例 ▶ 建築編

開閉方向が わからない非常口

防災

所 在 地 ▶ 埼玉県	部　　位 ▶ 扉	発生箇所 ▶ 建築―防災
竣 工 年 ▶ 2010年	詳細部位 ▶ 扉廻り	影　　響 ▶ 安全性(中)
構造形式 ▶ RC造	材　　料 ▶ スチール	発生要因 ▶ 設計不良
撮 影 年 ▶ 2010年	症　　状 ▶ 危険誘因	責任の所在 ▶ 設計者

　不適切な事例は、扉の開閉方向がわかりにくい非常口である。ドアノブや取手が付いていないため、右開きなのか左開きなのか、瞬時には判別がつかない。火災が発生し防火シャッターが降り切って閉じ込められた状態になった場合、開閉方向がわからないと一瞬パニックになって逃げ遅れる危険性がある。

　防災施設全般に言えることだが、一刻を争う事態ではわかりやすさが重要である。適切な事例のように、ドアノブを付けるなどして、ひと目でわかるようにすべきである。

不適切な事例

この扉は右開き？ 左開き？

適切な事例

ひと目で右開きとわかる

押すのか、引くのかもひと目でわかる

069

防火扉の前に障害物

防災

所 在 地 ▶ 埼玉県	部　　位 ▶ 防火扉	発生箇所 ▶ 建築—防災
竣 工 年 ▶ 2005年	詳細部位 ▶ 防火扉廻り	影　　響 ▶ 安全性(中)
構造形式 ▶ RC造	材　　料 ▶ スチール	発生要因 ▶ 無知
撮 影 年 ▶ 2006年	症　　状 ▶ 利用障害	責任の所在 ▶ 利用者

　不適切な事例は、扉の前に物が置かれている防火扉である。机があるせいで、火災時の作動に支障が出る可能性がある。防火扉は非常時に使用するものであるため、平時の維持管理の意識が低くなりがちだが、火災はいつ発生するかわからないので、日頃からの管理が重要となる。また、利用者への周知も大切である。

　適切な事例のように、防火扉の前には障害物となる物は置かず、非常時に確実に作動して避難路を確保できるようにする必要がある。

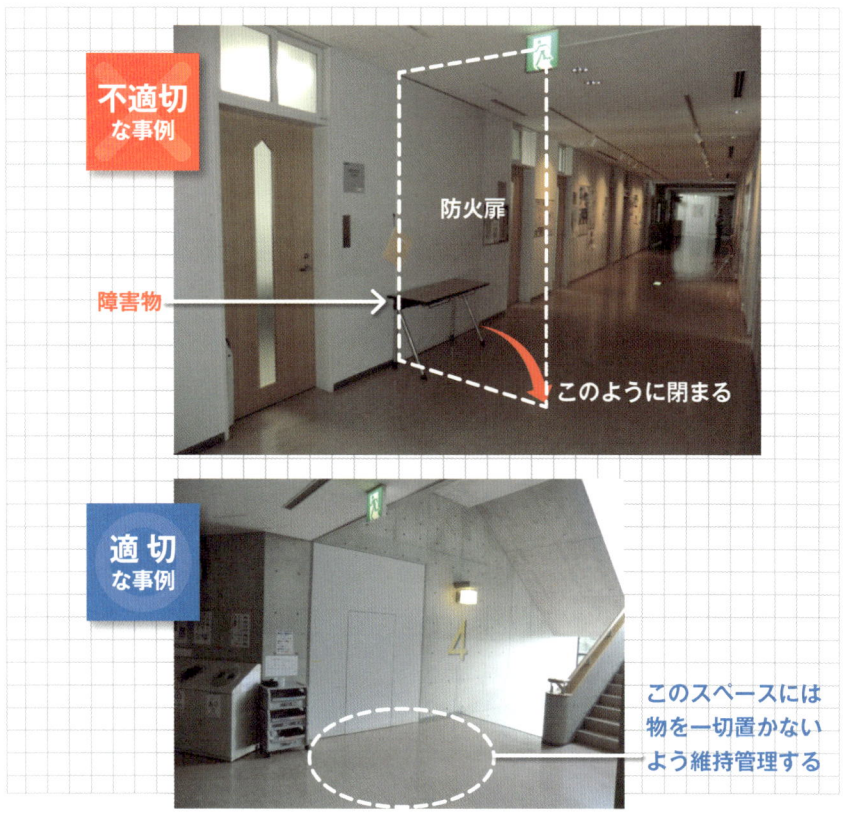

不適切な事例

障害物　　防火扉　　このように閉まる

適切な事例

このスペースには物を一切置かないよう維持管理する

水浸しになる通路

外構

所　在　地 ▶ 埼玉県	部　　　位 ▶ 外構	発 生 箇 所 ▶ 建築—外構
竣　工　年 ▶ 2004年	詳 細 部 位 ▶ 外構地盤	影　　　響 ▶ 快適性（中）
構 造 形 式 ▶ RC造	材　　　料 ▶ アスファルト舗装	発 生 要 因 ▶ 調査検討不足
撮　影　年 ▶ 2004年	症　　　状 ▶ 利用障害	責任の所在 ▶ 設計者

　不適切な事例は、雨が降ると水浸しになって歩行に支障がある通路である。排水計画が不十分で、雨天時はいつも大きな水たまりができてしまうため、歩行者は仮設の通路を利用せざるを得ない状態である。

　その後、この通路は適切な事例の写真のように、排水溝が設けられて、水はけが改善された。設計者は建物だけでなく外構にも十分な配慮をしなければならない。

不適切な事例
- 仮設の通路
- 大きな水たまり

適切な事例
- 道路の勾配
- 排水溝
- 排水溝

071

水たまりと化す公開空地

外構

所　在　地 ▶ 東京都	部　　位 ▶ 外構	発生箇所 ▶ 建築―外構
竣　工　年 ▶ 不明	詳細部位 ▶ 外構地盤	影　　響 ▶ 快適性（中）
構造形式 ▶ RC造	材　　料 ▶ コンクリートブロック	発生要因 ▶ 設計不良・施工不良
撮　影　年 ▶ 2010年	症　　状 ▶ 利用障害	責任の所在 ▶ 設計者・施工者

　不適切な事例は、排水不良の公開空地である。歩行者に踏まれて芝生の部分が枯れてしまっており、水はけも悪い。写真のように、雨が降ると大きな水たまりができてしまい、通行することも利用もすることもできず、公開空地の用をなさなくなる。

　適切な事例のように、公開空地はブロック敷きにする、排水溝を設けて水はけをよくするなど、多くの人が利用できるよう整備しておく必要がある。

歩道と見紛う地下駐車場への車両進入路

外構

所 在 地 ▶ 埼玉県	部　　　位 ▶ 駐車場	発生箇所 ▶ 建築―防災
竣 工 年 ▶ 不明	詳細部位 ▶ 駐車場廻り	影　　　響 ▶ 安全性（大）
構造形式 ▶ RC造	材　　　料 ▶ 磁器タイル	発生要因 ▶ 設計不良
撮 影 年 ▶ 2006年	症　　　状 ▶ 危険誘因	責任の所在 ▶ 設計者

　不適切な事例は、歩道との区別がつかない、地下駐車場への車両進入路である。車が一般道から駐車場へ行くには、歩道の内側に設けられた通路を進入するようになっていて、その通路（車道）がタイル貼り仕上げになっている。これでは、歩行者がこの進入路を歩道と勘違いして通行し、車との接触事故につながる危険性大である。

　適切な事例のように、駐車場への進入路はアスファルト舗装とするなど、仕上げを歩道とはっきり区別し、さらに走行ラインを矢印で示すといった改善をすべきである。

不適切な事例

地下駐車場へ車両の進入路／歩道／地下駐車場への車の進入方法

適切な事例

アスファルト舗装にすれば歩道との区別がつきやすい

外構

屋根のない渡り廊下

所 在 地 ▶ 埼玉県	部　　位 ▶ 外構	発生箇所 ▶ 建築―外構
竣 工 年 ▶ 2001年	詳細部位 ▶ 渡り廊下	影　　響 ▶ 快適性（中）
構造形式 ▶ RC造	材　　料 ▶ スチール＋ガラス	発生要因 ▶ 設計不良
撮 影 年 ▶ 2010年	症　　状 ▶ 利用障害	責任の所在 ▶ 設計者

　不適切な事例は、雨風にさらされている渡り廊下である。屋根がないので雨天時には歩行者が雨に濡れてしまう。また、廊下に雨水がたまり、滑りやすく危険な状態になる。利用者への配慮に欠けた設計といえる。

　適切な事例のように、屋根を付けて雨水の浸入を防ぐことで、天候に関係なく快適に通行することができるようになる。

不適切な事例　雨が降ったら傘をさして渡る？

適切な事例　屋根付きの渡り廊下

頭がぶつかる出入口のブレース

外構

所 在 地 ▶ 千葉県	部 位 ▶ 外構	発 生 箇 所 ▶ 建築—外構
竣 工 年 ▶ 不明	詳 細 部 位 ▶ 駐車場	影 響 ▶ 安全性（中）
構 造 形 式 ▶ S造	材 料 ▶ 鉄骨	発 生 要 因 ▶ 設計不良
撮 影 年 ▶ 2005年	症 状 ▶ 危険誘因	責任の所在 ▶ 設計者

不適切な事例は、駐車場出入口の危険なブレースである。出入口の端のほうを通ると、ブレースに頭がぶつかってしまう。それを回避するため左右にポールが立ててあるが、それで十分とはとても言い難い。

こうしたブレースを使用する場合は、適切な事例のように、歩行者の動線の安全性を確保する必要がある。

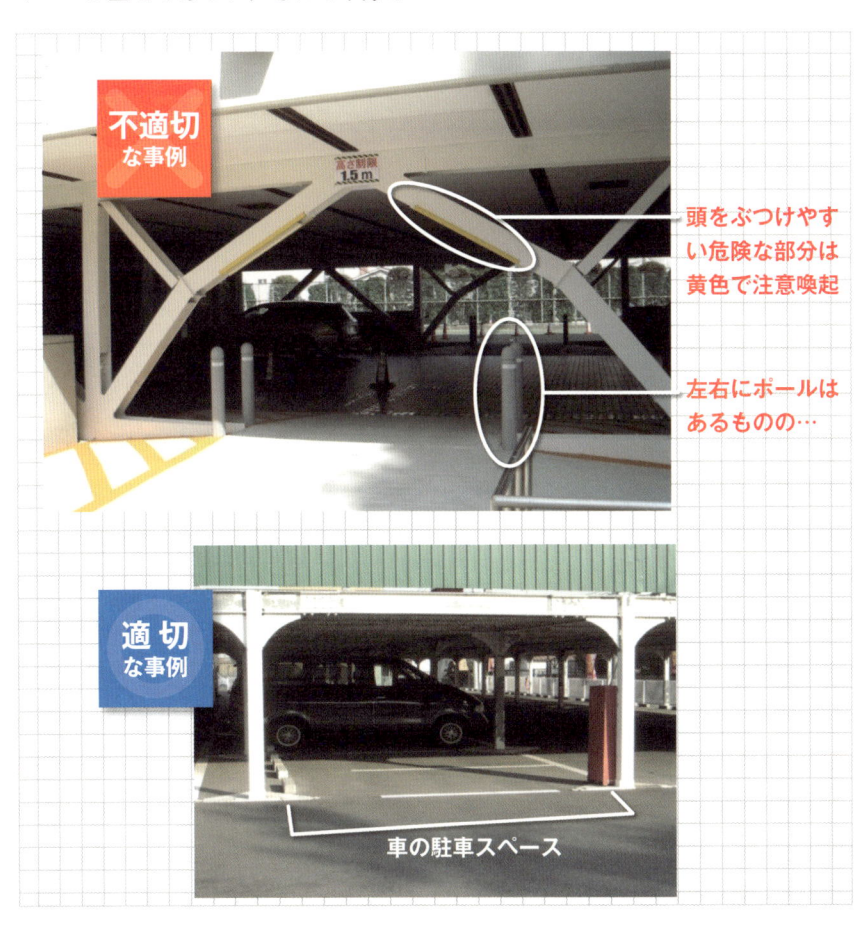

不適切な事例

- 頭をぶつけやすい危険な部分は黄色で注意喚起
- 左右にポールはあるものの…

適切な事例

車の駐車スペース

第1章 ▼ 建築編／屋根／天井／壁／柱／床／階段／建具／防災／外構／その他

075

出入口が分かれていない駐車場

外構

所 在 地 ▶	埼玉県	部　　位 ▶	駐車場	発生箇所 ▶	建築─外構
竣 工 年 ▶	不明	詳細部位 ▶	駐車場出入口	影　　響 ▶	安全性(中)
構造形式 ▶	─	材　　料 ▶	アスファルト舗装	発生要因 ▶	設計不良
撮 影 年 ▶	2006年	症　　状 ▶	利用障害	責任の所在 ▶	設計者

　不適切な事例は、車の出口と入口が共通になっている駐車場である。出庫車両と入庫車両が同時に来ると、どちらかがいったん車を端に寄せて待たなければならない。入庫車両がスピードを出しているととても危険であり、駐車場を利用する車両が多くなると出入りの効率が極端に悪くなる。

　駐車場出入口はスペースを十分に確保し、適切な事例のように出口と入口を分けた方式にして、安全を確保すべきである。

不適切な事例
対面ですれ違えるほどの幅はない…

適切な事例
無理をせず、この方式にするのが安全で効率的

076　第1章　不完全性事例 ▶ 建築編

駐車区画が見分けにくい駐車場

外構

所 在 地 ▶ 埼玉県	部　　　位 ▶ 駐車場	発 生 箇 所 ▶ 建築―外構
竣 工 年 ▶ 不明	詳 細 部 位 ▶ 駐車場の白線	影　　　響 ▶ 安全性（小）
構 造 形 式 ▶ ―	材　　　料 ▶ アスファルト舗装	発 生 要 因 ▶ 組織運営の不良
撮 影 年 ▶ 2012年	症　　　状 ▶ 危険誘因	責任の所在 ▶ 維持管理者

　不適切な事例は、駐車区画を示す白線が消えかかっている駐車場である。このままでは、車両が乱雑に駐車されてしまうおそれがあり、ひいては車両同士の接触事故など、トラブルを招きかねない。

　これを回避するためには、適切な事例のように、駐車台数と駐車スペース、車両動線を綿密に計画した配置を行うとともに、維持管理者は区画が常に明瞭に視認できるよう、維持管理をしておかなければならない。

不適切な事例

こんなに見えにくくなる前に再塗装すべき

適切な事例

077

手摺のないスロープ

外構

所 在 地 ▶ 東京都		部　　位 ▶ 通路		発生箇所 ▶ 建築——外構	
竣 工 年 ▶ 2007年		詳細部位 ▶ スロープ		影　　響 ▶ 快適性(中)	
構造形式 ▶ —		材　　料 ▶ コンクリートブロック		発生要因 ▶ 設計不良	
撮 影 年 ▶ 2012年		症　　状 ▶ 利用障害		責任の所在 ▶ 設計者	

　不適切な事例は、手摺が設置されていない長いスロープである。健常者にはさして影響はないが、車椅子使用者や足腰が弱っている高齢者にとっては、緩勾配とはいえ、この長さのスロープを手摺なしで移動するのは大変である。

　適切な事例のように手摺を設けておくと、さまざまな障がいを抱えた高齢者や身体障がい者にとっても利用しやすい施設となる。

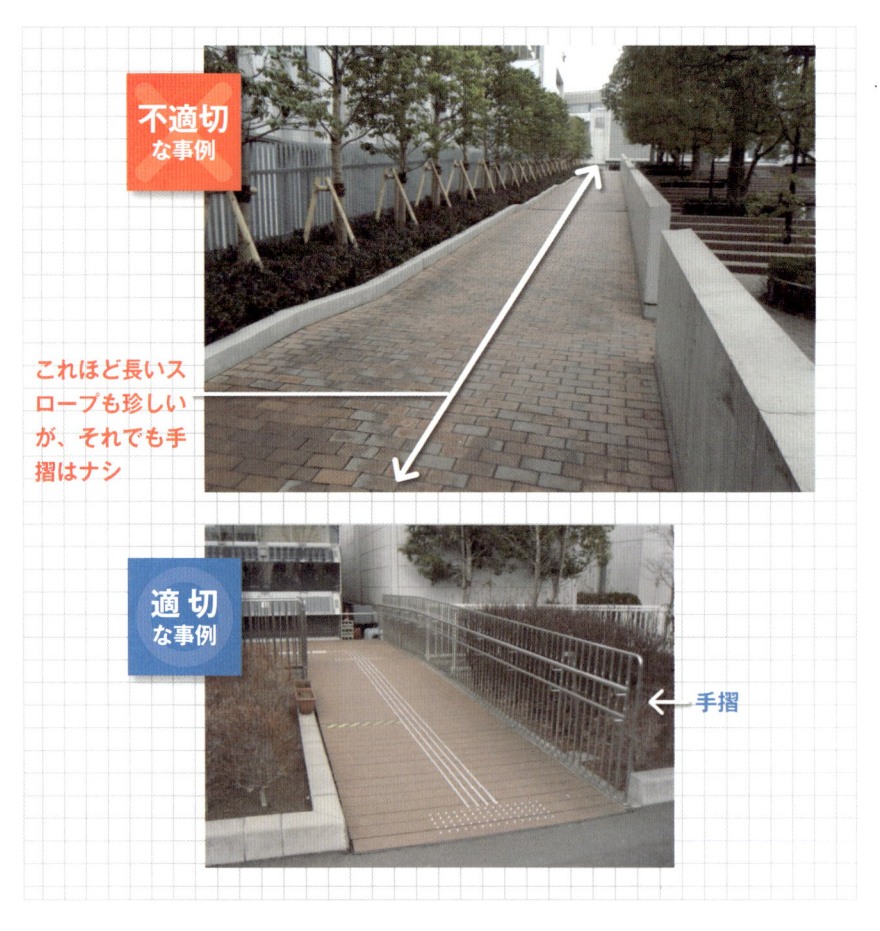

不適切な事例

これほど長いスロープも珍しいが、それでも手摺はナシ

適切な事例

← 手摺

078　第1章 不完全性事例 ▶ 建築編

曖昧な喫煙場所

外構

所 在 地 ▶ 埼玉県	部　　　位 ▶ 喫煙所	発 生 箇 所 ▶ 建築—外構
竣 工 年 ▶ 不明	詳 細 部 位 ▶ 喫煙所	影　　　響 ▶ 快適性（小）
構 造 形 式 ▶ —	材　　　料 ▶ —	発 生 要 因 ▶ 維持管理不足
撮 影 年 ▶ 2012年	症　　　状 ▶ 利用障害	責任の所在 ▶ 維持管理者

　不適切な事例は、どの範囲が該当するのかが曖昧な喫煙所である。屋外に灰皿が置いてあるだけで喫煙スペースとして区画されておらず、どこからどこまでが喫煙してよい場所なのかが不明瞭であり、すぐ近くにある駐輪場や自動販売機の利用者に不快感を与える可能性がある。ちなみに、雨の日には駐輪場の屋根の下が喫煙場所になってしまっている。

　適切な事例のように、喫煙スペースをしっかり区画することが、喫煙者と非喫煙者双方の不快感を減らすことにつながる。

自動販売機

雨の日にはこの屋根の下が喫煙スペースと化す

不適切な事例

適切な事例

喫煙所はしっかりと区画するのが望ましい

079

転落のおそれのある手摺

その他

所 在 地 ▶ 埼玉県	部　　位 ▶ 通路	発生箇所 ▶ 建築—床
竣 工 年 ▶ 不明	詳細部位 ▶ 手摺	影　　響 ▶ 安全性(中)
構造形式 ▶ RC造	材　　料 ▶ スチール	発生要因 ▶ 調査検討不足
撮 影 年 ▶ 2006年	症　　状 ▶ 危険誘因	責任の所在 ▶ 設計者

　不適切な事例は、屋外通路に設置された、転落のおそれのある手摺である。横桟形式であるのに加えて、下部には大きな隙間があるため、子どもが手摺に上ったり、隙間をくぐったりして転落する可能性がある。

　子どもが利用する建物では、横桟形式の手摺は避け、適切な事例のように、縦桟形式とすべきである。その場合、手摺子の間隔は11cm以下とするのも忘れてはならない。

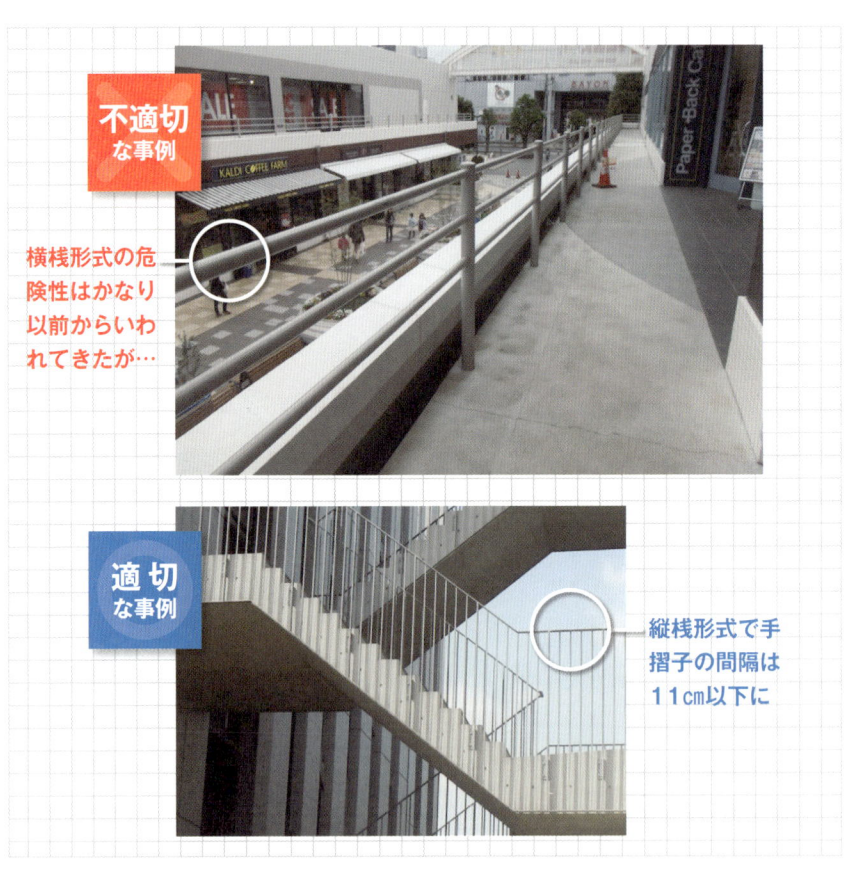

不適切な事例
横桟形式の危険性はかなり以前からいわれてきたが…

適 切な事例
縦桟形式で手摺子の間隔は11cm以下に

見えない建物案内図

その他

所　在　地 ▶ 東京都	部　　　位 ▶ 通路	発 生 箇 所 ▶ 建築─その他
竣　工　年 ▶ 不明	詳 細 部 位 ▶ 案内板	影　　　響 ▶ 快適性（小）
構 造 形 式 ▶ RC造	材　　　料 ▶ アルミ	発 生 要 因 ▶ 不注意
撮　影　年 ▶ 2006年	症　　　状 ▶ 利用障害	責任の所在 ▶ 維持管理者

　不適切な事例は、前に障害物が置かれてしまった建物案内図である。案内図は誰でも目につきやすい状態にしておくべきものであるが、これでは用をなさない。維持管理者の管理が不十分と言わざるを得ない。
　適切な事例のように、案内板や掲示板の前には物品などを置かず、視認性のよい状態を維持しておかなければならない。

不適切な事例

このスタンドがあるせいで、せっかくの建物案内図が見えない

適切な事例

081

窓から離れているブラインド

その他

所 在 地 ▶ 埼玉県	部　　　位 ▶ 建具	発 生 箇 所 ▶ 建築—窓
竣 工 年 ▶ 2005年	詳 細 部 位 ▶ ブラインドボックス	影　　　響 ▶ 快適性(中)
構 造 形 式 ▶ RC造	材　　　料 ▶ アルミ	発 生 要 因 ▶ 設計不良
撮 影 年 ▶ 2007年	症　　　状 ▶ コスト増大	責任の所在 ▶ 設計者

　不適切な事例は、窓から離れた位置に設置されたブラインドである。ブラインドと窓の間の空気が日射によって暖められてしまうため室温が上昇し、冷房負荷が増してランニングコスト増大につながる。また、ブラインドと窓の間隔が離れている分だけ、室内の有効スペースが狭くなっているという問題もある。

　適切な事例のように窓に近い位置に設置してはじめて、期待どおりの日射遮蔽効果を発揮できることを認識しておかなければならない。

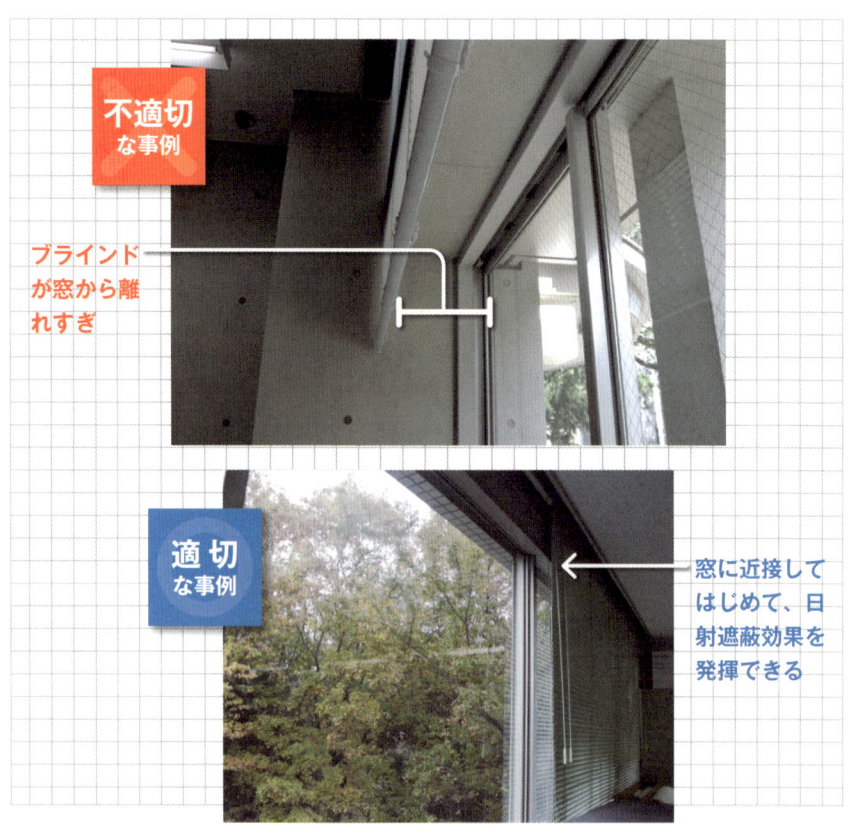

不適切な事例

ブラインドが窓から離れすぎ

適切な事例

窓に近接してはじめて、日射遮蔽効果を発揮できる

082　第1章 不完全性事例 ▶ 建築編

男女を判別しにくいトイレのサイン

その他

所 在 地 ▶ 埼玉県	部　　位 ▶ その他	発生箇所 ▶ 建築─その他
竣 工 年 ▶ 不明	詳細部位 ▶ 標識	影　　響 ▶ 快適性（中）
構造形式 ▶ RC造	材　　料 ▶ アルミ	発生要因 ▶ 設計不良
撮 影 年 ▶ 2010年	症　　状 ▶ 利用障害	責任の所在 ▶ 設計者

　不適切な事例は、男女の区別がはっきりしていないトイレのサイン（標識）で、近づけば見分けがつくが、遠くからでは判断がつかない。これでは、急いでいる場合など、間違ったほうに入ってしまうおそれがある。

　適切な事例のように、男女で色分けするなどの工夫を施し、遠くからでもひと目で男女の区別がつくようにすべきである。

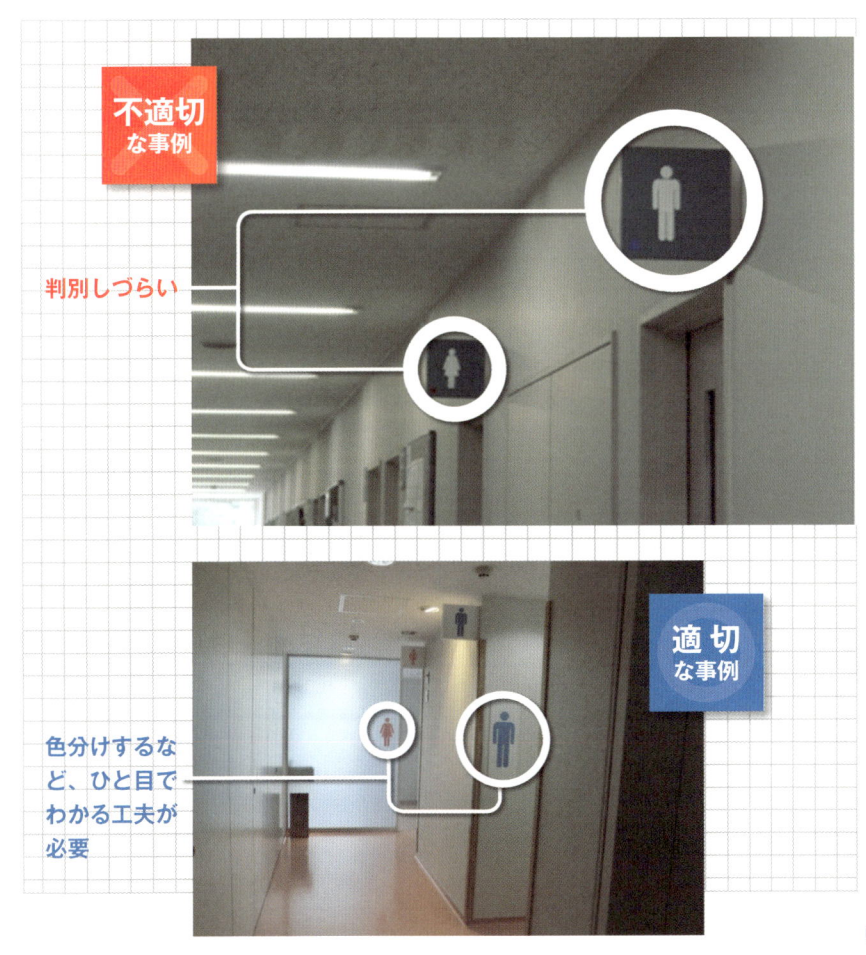

不適切な事例　判別しづらい

適切な事例　色分けするなど、ひと目でわかる工夫が必要

083

通路のない家具レイアウト

その他

所 在 地 ▶ 石川県	部 位 ▶ その他	発生箇所 ▶ 建築—その他
竣 工 年 ▶ 不明	詳細部位 ▶ 机・椅子	影 響 ▶ 安全性(大)
構造形式 ▶ SRC造	材 料 ▶ 木製	発生要因 ▶ 設計不良
撮 影 年 ▶ 2011年	症 状 ▶ 利用障害	責任の所在 ▶ 設計者・オーナー

　不適切な事例は、ある教室の家具レイアウトで、壁際にまで椅子が設置されていて通路が確保されていない。写真奥の窓際の席に行くには大きく迂回する必要があり不便である。また、非常時の避難にも支障があり、大変危険な状態と言わざるを得ない。設計者やオーナーは座席数を多くすることだけでなく、動線計画にもっと気を配るべきである。

　適切な事例のように通路スペースを十分にとることで、利用者の利便性向上や緊急時の安全性確保が実現できる。

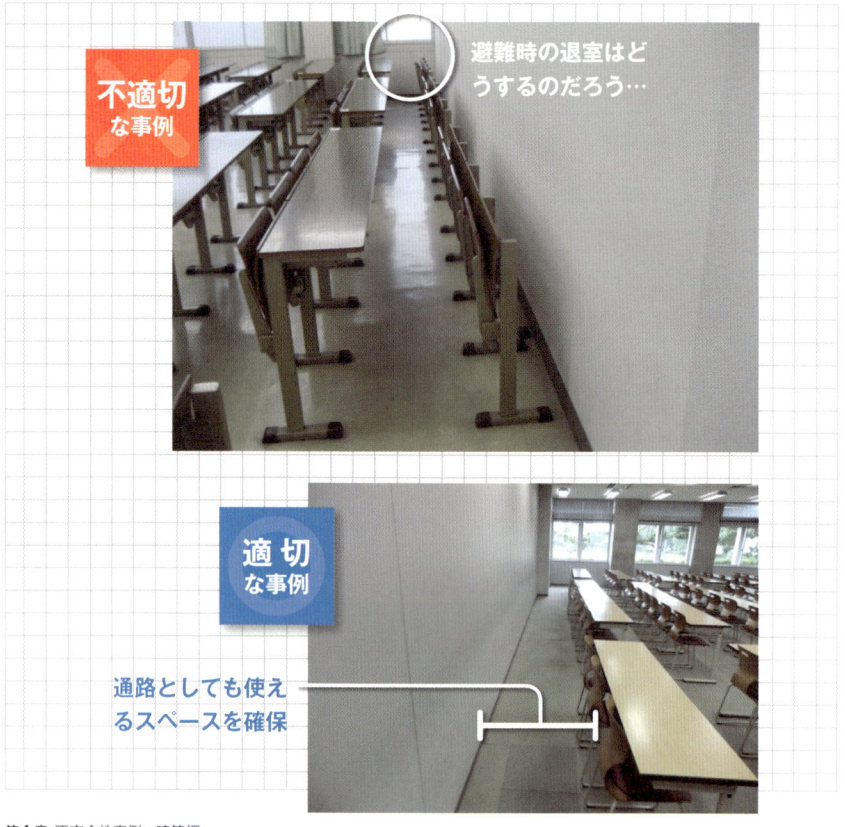

不適切な事例

避難時の退室はどうするのだろう…

適切な事例

通路としても使えるスペースを確保

第2章 不完全性事例 設備編

点検口の真上に配管とジョイントボックス

給排水

所　在　地 ▶ 東京都	部　　　位 ▶ 排水	発 生 箇 所 ▶ 設備―給排水
竣　工　年 ▶ 1973年	詳 細 部 位 ▶ 配管	影　　　響 ▶ 快適性（中）
構 造 形 式 ▶ RC造	材　　　料 ▶ 塩化ビニール	発 生 要 因 ▶ 設計不良
撮　影　年 ▶ 2003年	症　　　状 ▶ 点検困難	責任の所在 ▶ 設計者・施工者

　不適切な事例は、真上に配管が通っている天井点検口である。現状では、配管と奥のジョイントボックスの間を潜り抜けないと天井内に上って作業することができない。設計段階でも施工段階でも、このような事態になることはわかっていたはずであり、なぜ問題をそのまま放置したのか理解に苦しむ。

　適切な事例のように、点検口と天井内の配管や設備機器の位置が重ならないよう配慮するのが当たり前である。

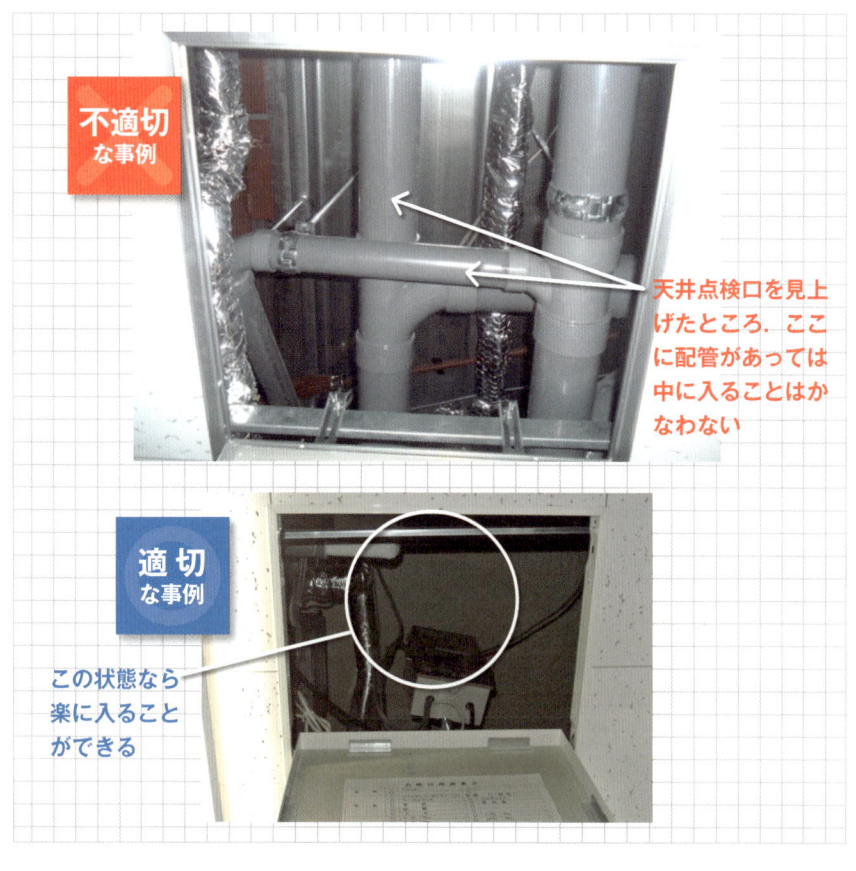

不適切な事例

天井点検口を見上げたところ。ここに配管があっては中に入ることはかなわない

適切な事例

この状態なら楽に入ることができる

フレキシブルジョイントが未設置

給排水

所 在 地 ▶ 東京都	部 位 ▶ 給水	発 生 箇 所 ▶ 設備―給排水
竣 工 年 ▶ 1973年	詳 細 部 位 ▶ 高置水槽の配管	影 響 ▶ 耐久性(大)
構 造 形 式 ▶ RC造	材 料 ▶ 鋳鉄	発 生 要 因 ▶ 環境変化への対応不足
撮 影 年 ▶ 2004年	症 状 ▶ 危険誘因	責任の所在 ▶ 設計者・施工者

不適切な事例は、フレキシブルジョイントが設けられていない給水管である。地震などの際、振動を吸収するフレキシブルジョイントがないため、パイプが外れたり折れてしまう可能性がある。設計段階での地震対策不足がそのまま施工されてしまっている。

適切な事例のようにフレキシブルジョイントを設置することは、配管系の地震対策には不可欠であり、設計者は、設備機器がさまざまな環境変化に対応できるような手立てを講じておく必要がある。

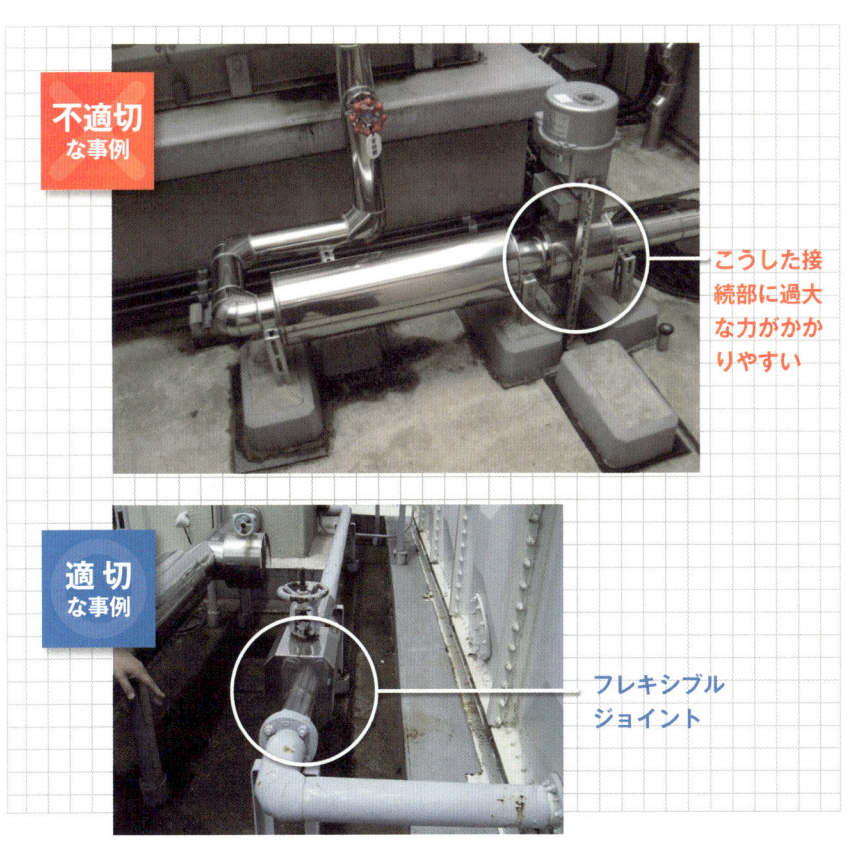

不適切な事例

こうした接続部に過大な力がかかりやすい

適切な事例

フレキシブルジョイント

087

1階まで吹抜けのパイプシャフト

給排水

所　在　地 ▶ 東京都	部　　　位 ▶ 給排水	発 生 箇 所 ▶ 設備―給排水
竣　工　年 ▶ 1973年	詳 細 部 位 ▶ 配管スペース(PS)	影　　　響 ▶ 安全性(大)
構 造 形 式 ▶ SRC造	材　　　料 ▶ ―	発 生 要 因 ▶ 設計不良
撮　影　年 ▶ 2009年	症　　　状 ▶ 危険誘因	責任の所在 ▶ 設計者

　不適切な事例は、各階のスラブがないパイプシャフトである。1階まで吹抜けになっているのに手摺などがなく、メンテナンス作業の際に転落する危険性がある。既存不適格建築物であり、このような状態になった直接の責任があるわけではないが、維持管理者は、自らの安全のためにも、後付けでもよいから作業用床面・手摺などを設置すべきである。

　本来は、適切な事例のように、防火区画を兼ねて、パイプシャフトのスラブをフロアごとに施工すべきである。

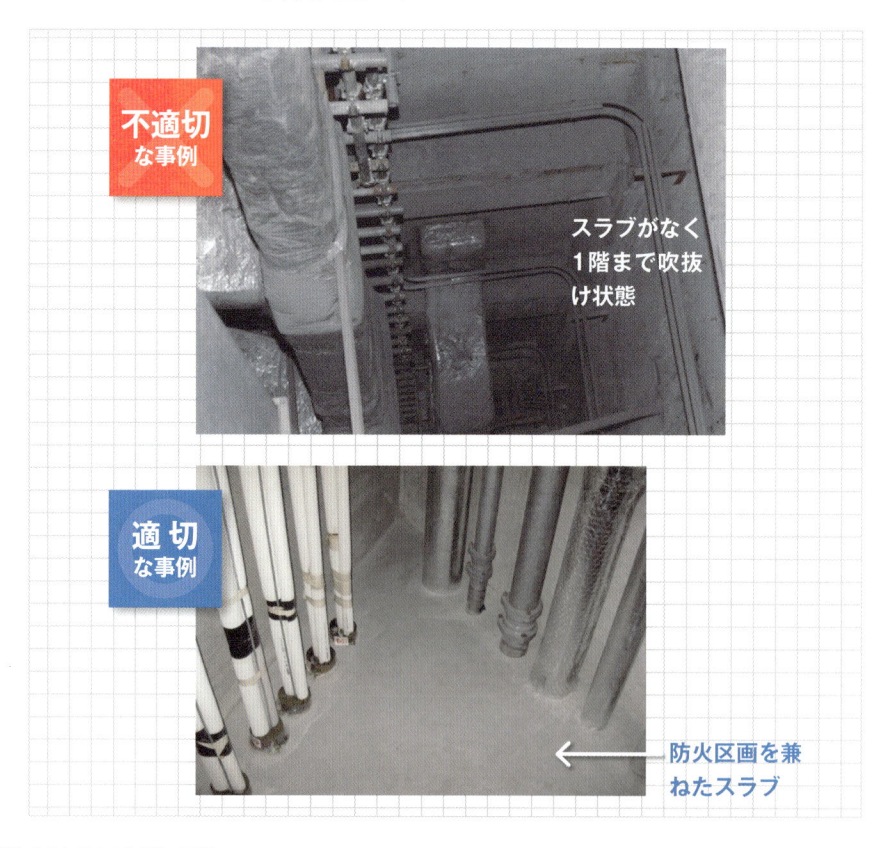

不適切な事例
スラブがなく1階まで吹抜け状態

適切な事例
防火区画を兼ねたスラブ

露出している天井配管

所 在 地	埼玉県	部　　位	給排水	発生箇所	設備—給排水
竣 工 年	不明	詳細部位	配管	影　　響	快適性（中）
構造形式	RC造	材　　料	鋳鉄管	発生要因	設計不良
撮 影 年	2010年	症　　状	その他	責任の所在	設計者

　不適切な事例は、露出の天井配管である。メンテナンスが行いやすくなるなど、配管を露出させることが一概に悪いとは言えないが、この事例の場合はスラブ下や配管類の仕上げなど、意匠面の配慮が不足しているし、配管が傷つきやすく漏洩事故につながる可能性もある。

　完全な露出配管にするのではなく、たとえば適切な事例のように半露出状態にすると、視認性は良好なままで、配管類の劣化や漏洩の発見も容易であり、意匠的にも良好である。

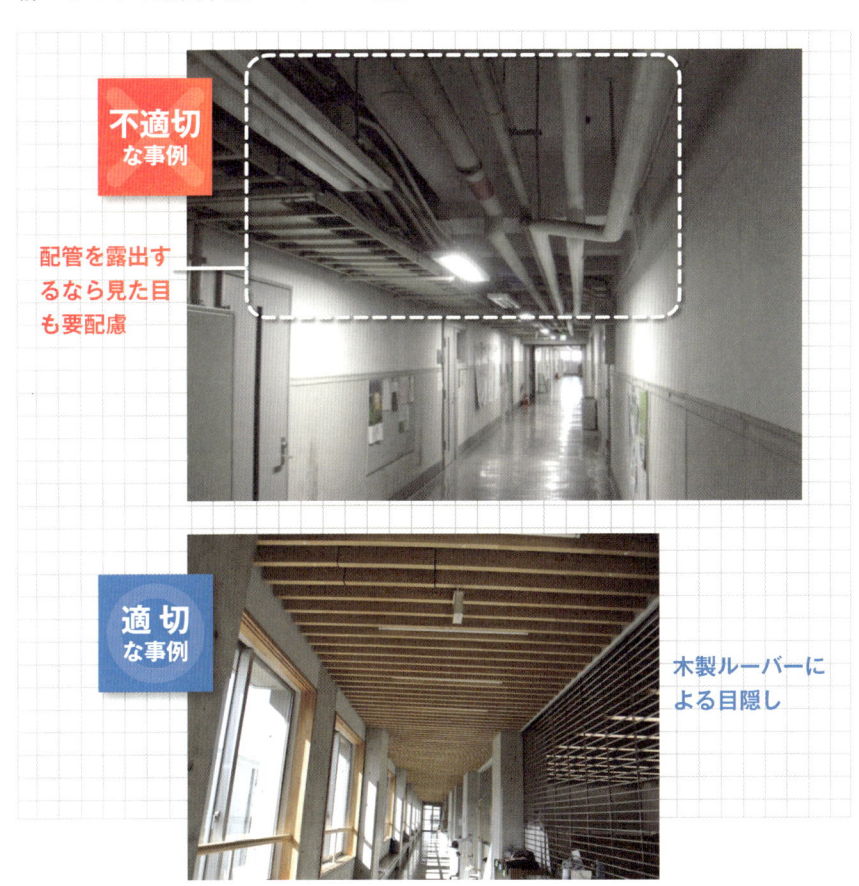

不適切な事例
配管を露出するなら見た目も要配慮

適切な事例
木製ルーバーによる目隠し

安全柵のない高置水槽

給排水

所 在 地 ▶ 埼玉県	部　　位 ▶ 給水	発 生 箇 所 ▶ 設備─給排水
竣 工 年 ▶ 不明	詳 細 部 位 ▶ 高置水槽	影　　響 ▶ 安全性（中）
構 造 形 式 ▶ RC造	材　　料 ▶ スチール	発 生 要 因 ▶ 環境変化への対応不足
撮 影 年 ▶ 2009年	症　　状 ▶ 点検困難	責任の所在 ▶ オーナー

　不適切な事例は、安全柵が設けられていない高置水槽で、定期点検などの作業の際、転落する危険性がある。現在、高置水槽には、安全に点検ができるための措置をとることが義務づけられており（※）、事例は既存不適格であるため早急な対策が必要である。

　適切な事例のように、水槽周囲に安全柵を取り付けるべきである。

※建築基準法関連告示「建築物に設ける飲料水の配管設備及び排水のための配管設備の構造方法を定める件」

不適切な事例
作業中に転落のおそれあり

適切な事例
安全柵

090　第2章 不完全性事例 ▶ 設備編

底面を点検できない高置水槽

給排水

所 在 地 ▶ 東京都	部　　位 ▶ 給水	発生箇所 ▶ 設備―給排水
竣 工 年 ▶ 不明	詳細部位 ▶ 高置水槽	影　　響 ▶ 耐久性（大）
構造形式 ▶ RC造	材　　料 ▶ FRP	発生要因 ▶ 設計不良
撮 影 年 ▶ 2003年	症　　状 ▶ 点検困難	責任の所在 ▶ 設計者

　不適切な事例は、底面を点検するためのスペースが設けられていない高置水槽である。建築基準法関係告示「建築物に設ける飲料水の配管設備及び排水のための配管設備の構造方法を定める件」では、「外部から受水タンクの天井、底又は周壁の保守点検を容易かつ安全に行うことができるよう設けなければならない」と定められており、事例は既存不適格である。

　適切な事例のように六面点検ができる水槽に、早急に改める必要がある。

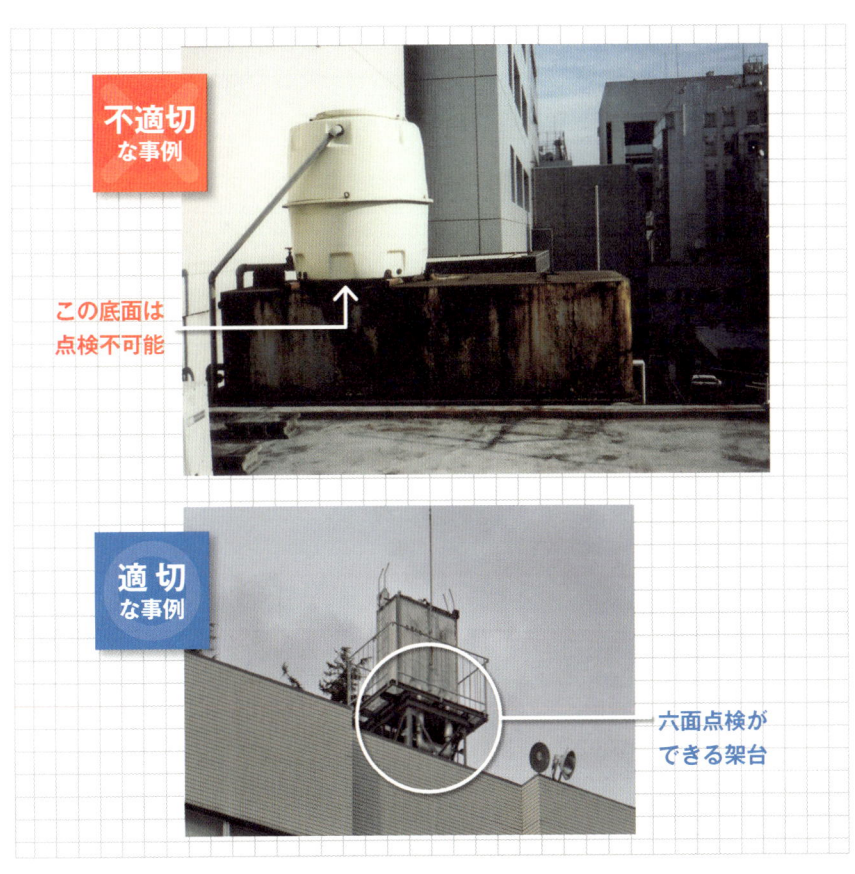

不適切な事例

この底面は点検不可能

適切な事例

六面点検ができる架台

091

地下水が浸入する受水槽

給排水

所 在 地 ▶ 東京都	部　　位 ▶ 給水	発生箇所 ▶ 設備—給排水
竣 工 年 ▶ 不明	詳細部位 ▶ 受水槽	影　　響 ▶ 安全性(大)
構造形式 ▶ RC造	材　　料 ▶ コンクリート	発生要因 ▶ 環境変化への対応不足
撮 影 年 ▶ 2003年	症　　状 ▶ 不衛生	責任の所在 ▶ オーナー

　不適切な事例は、地下水が浸入したコンクリート製の地下式受水槽で、この地下水浸入が水質汚染につながる可能性がある。

　最下階の床下に設けられる地下式受水槽は、六面点検ができないため問題が発生しても早期発見が難しく、現在の建築基準法では新設が認められていないものである。適切な事例のように六面点検ができる受水槽に改修し、既存不適格状態を1日も早く解消することが求められる。

不適切な事例

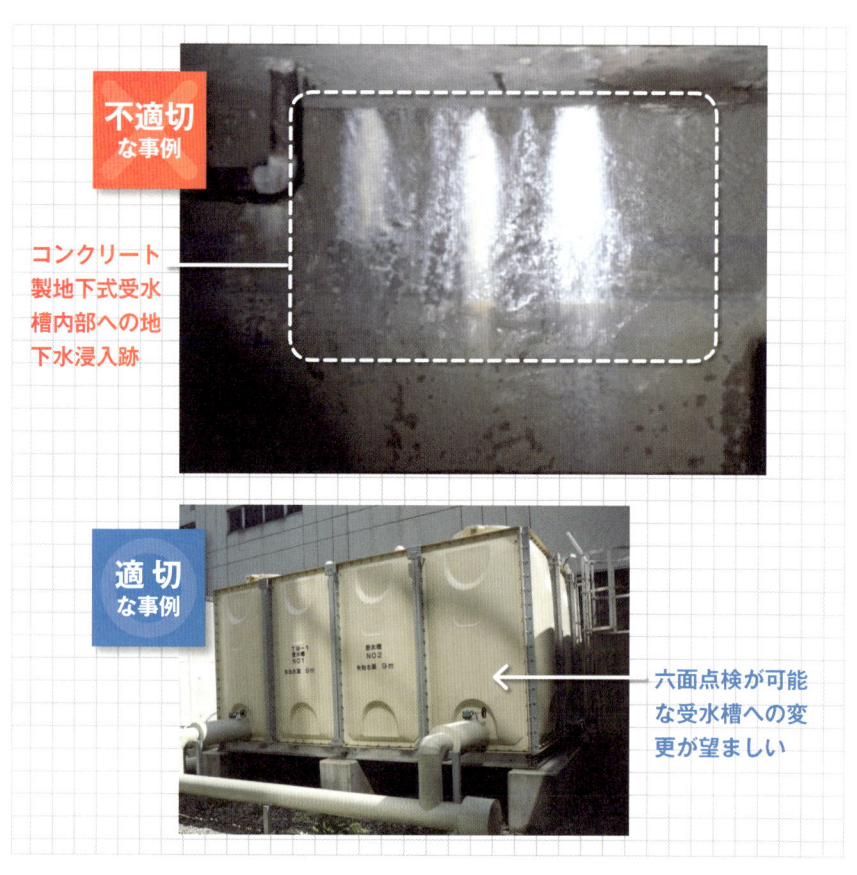

コンクリート製地下式受水槽内部への地下水浸入跡

適切な事例

六面点検が可能な受水槽への変更が望ましい

汚水が浸入した地下式受水槽

給排水

所 在 地	東京都	部　　位	給水	発生箇所	設備—給排水
竣 工 年	不明	詳細部位	受水槽	影　　響	安全性（大）
構造形式	RC造	材　　料	コンクリート	発生要因	環境変化への対応不足
撮 影 年	2005年	症　　状	不衛生	責任の所在	オーナー・維持管理者

　不適切な事例は、汚水が浸入した地下式受水槽である。隣接するポンプが故障してフロアが冠水し、手前のマンホールから汚水が浸入する事態となったものである。

　地下式受水槽は、六面点検ができる水槽へ早急に改めることが望ましいが、現状で早期に対策をとるとすれば、適切な事例のように、マンホールを床よりも10cmかさ上げして、マンホール上部からの浸入を防止する方法が挙げられる。

隣接するポンプが故障してフロアが冠水

不適切な事例

汚水浸入が発生したマンホール

適切な事例

かさ上げして浸入防止

点検困難な受水槽

給排水

所 在 地 ▶ 東京都	部　　位 ▶ 給水	発生箇所 ▶ 設備—給排水
竣 工 年 ▶ 不明	詳細部位 ▶ 受水槽	影　　響 ▶ 安全性(中)
構造形式 ▶ RC造	材　　料 ▶ FRP	発生要因 ▶ 設計不良
撮 影 年 ▶ 2003年	症　　状 ▶ 点検困難	責任の所在 ▶ 設計者

　不適切な事例は、上部の点検が困難な受水槽である。水槽自体は六面点検が可能な構造で、上部に上れるよう梯子が設けられている。しかし、梯子の真上には配管が通っているため、点検用資機材を持って上部に上るのは、実際には困難な状態である。

　設計段階で、配管類とその他設備機器の取合いを十分に確認しておけば防げたはずで、改善策としては、適切な事例のように、直上の配管を他の場所に移設すべきである。

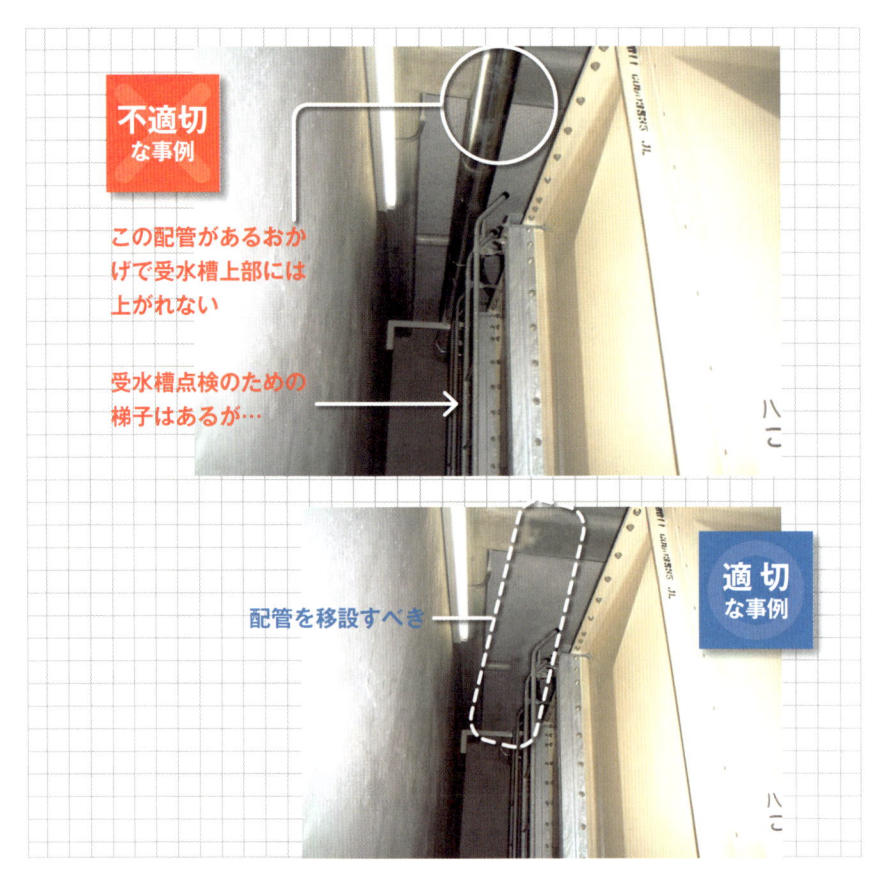

不適切な事例
この配管があるおかげで受水槽上部には上がれない
受水槽点検のための梯子はあるが…

適切な事例
配管を移設すべき

不十分な排水口空間

所 在 地 ▶	東京都	部　　位 ▶	排水	発生箇所 ▶	設備―給排水
竣 工 年 ▶	不明	詳細部位 ▶	排水口空間	影　　響 ▶	安全性（大）
構造形式 ▶	RC造	材　　料 ▶	塩化ビニール	発生要因 ▶	無知
撮 影 年 ▶	2007年	症　　状 ▶	不衛生・危険誘因	責任の所在 ▶	施工者

不適切な事例は、十分な距離（※）がとられていない排水口空間である。排水時の周囲への飛散を考慮するあまり、このような事態になったものと思われる。また、オーバーフロー管と排水管が接続しているのも問題である。

適切な事例のように、十分な大きさのホッパーを使用して排水口空間を確保し、さらにオーバーフロー管と排水管を分離すべきである。

※各種の飲料用貯水タンクなどの間接排水管の排水口空間は管径の2倍以上とし、最小150mmとする。

不適切な事例
- 排水管
- オーバーフロー管
- マイナス数cmの排水口空間
- ホッパー

適切な事例
- 排水口空間を十分に確保
- ホッパーの径も十分に大きく

藻が発生した高置水槽

給排水

所 在 地 ▶ 東京都	部　　位 ▶ 給水	発生箇所 ▶ 設備―給排水
竣 工 年 ▶ 不明	詳細部位 ▶ 高置水槽	影　　響 ▶ 安全性(大)
構造形式 ▶ RC造	材　　料 ▶ FRP	発生要因 ▶ 不注意
撮 影 年 ▶ 2003年	症　　状 ▶ 不衛生	責任の所在 ▶ 維持管理者

　不適切な事例は、内部に藻が発生した高置水槽である。維持管理者が水槽の点検・清掃を怠ったため、このような事態になったものである。水質汚染につながる可能性があり、給水利用者の健康への影響が出る事態にでもなれば大問題である。

　適切な事例のように、水槽の定期点検・定期清掃を実施して、清潔な状態を保つことが必須である。

不適切な事例

高置水槽内部に発生した藻

適切な事例

定期清掃により清潔な水槽内部

苔が発生した排水溝

所 在 地 ▶	埼玉県	部　　位 ▶	排水	発生箇所 ▶	設備―給排水
竣 工 年 ▶	不明	詳細部位 ▶	排水溝	影　　響 ▶	快適性（小）
構造形式 ▶	RC造	材　　料 ▶	コンクリート	発生要因 ▶	設計不良
撮 影 年 ▶	2010年	症　　状 ▶	汚れ・不衛生	責任の所在 ▶	設計者

　不適切な事例は、苔が発生した排水溝である。雨水が溜まったままになり、こうした状態に至ったもので、環境衛生上、好ましくない。排水溝の勾配不足・深さ不足など、設計に問題があったものと推測される。

　適切な事例のように、十分な深さと勾配のある排水溝などにして、排水がスムーズに排出されるよう改善すべきである。

不適切な事例
床面の排水勾配も問題
排水溝の深さと勾配が不十分

適切な事例
十分な深さと勾配を確保した排水溝

097

垂れ流しの雨水排水管

給排水

所 在 地 ▶ 埼玉県	部　　位 ▶ 排水	発 生 箇 所 ▶ 設備—給排水
竣 工 年 ▶ 1998年	詳 細 部 位 ▶ 雨水排水管	影　　響 ▶ 快適性(中)
構 造 形 式 ▶ RC造	材　　料 ▶ 塩ビ管	発 生 要 因 ▶ 設計不良
撮 影 年 ▶ 2010年	症　　状 ▶ 汚れ	責任の所在 ▶ 設計者・維持管理者

　不適切な事例は、雨水垂れ流しの排水管である。垂れ流しになっているコンクリートの床面がその排水で汚れていて見苦しく、環境衛生上も好ましくない。

　設計の段階で、こうした敷地内排水の処理を検討していれば防げたものであり、適切な事例のように、排水桝を設けて、浸透桝、公共下水道などに直結すれば解決できる問題である（※）。

　※建築基準法施行令第129条の2の5（給水、排水その他の配管設備の設置及び構造）

不適切な事例
この排水管を出た雨水はどこに流れていくのやら…

適切な事例
排水桝を設け、浸透桝、公共下水道に直結

雨水が誘導されない排水口

給排水

所 在 地 ▶ 千葉県	部　　　位 ▶ 排水	発生箇所 ▶ 設備—給排水
竣 工 年 ▶ 不明	詳細部位 ▶ 排水口	影　　　響 ▶ 快適性（中）
構造形式 ▶ RC造	材　　　料 ▶ スチール	発生要因 ▶ 設計不良
撮 影 年 ▶ 2012年	症　　　状 ▶ 汚れ	責任の所在 ▶ 設計者

　不適切な事例は、雨水が適切に排水されずに壁面を汚している排水口である。屋根面の雨水を地面に導く竪樋がなく、排水口を出た雨水が壁に吹きさらしになっており、壁を伝って流れ落ちる状態のため、壁面に黒ずみ汚れが発生している。

　竪樋を設ける、あるいは適切な事例のような雨水を誘導する仕組みを設けるといった対策を施すべきである。

不適切な事例
← 排水口
壁面の汚れ
竪樋を設けてあれば防げるものなのだが…

適切な事例

099

奇妙な位置から立ち上げられた給水管

給排水

所　在　地	▶ 埼玉県	部　　　位	▶ 給水	発 生 箇 所	▶ 設備—給排水
竣　工　年	▶ 2001年	詳 細 部 位	▶ 給水管の立上げ部位	影　　　響	▶ 快適性（小）
構 造 形 式	▶ RC造	材　　　料	▶ —	発 生 要 因	▶ 不注意
撮　影　年	▶ 2010年	症　　　状	▶ 利用障害	責任の所在	▶ 施工者

　不適切な事例は、奇妙な位置から立ち上げられた給水管である。施工時の不手際により間違った位置でスラブ内埋設の給水管を取り出したため、配管を一度横に大きく振って接続せざるを得なくなったものと思われる。立上げ位置が横にはみ出している分、洗面台使用者にとっては利用の妨げになり、物をぶつけて管を損傷する可能性もある。

　施工の段階でしっかり確認して正しい位置で立ち上げて、適切な事例のように、配管類の納まりをすっきりさせたいものである。

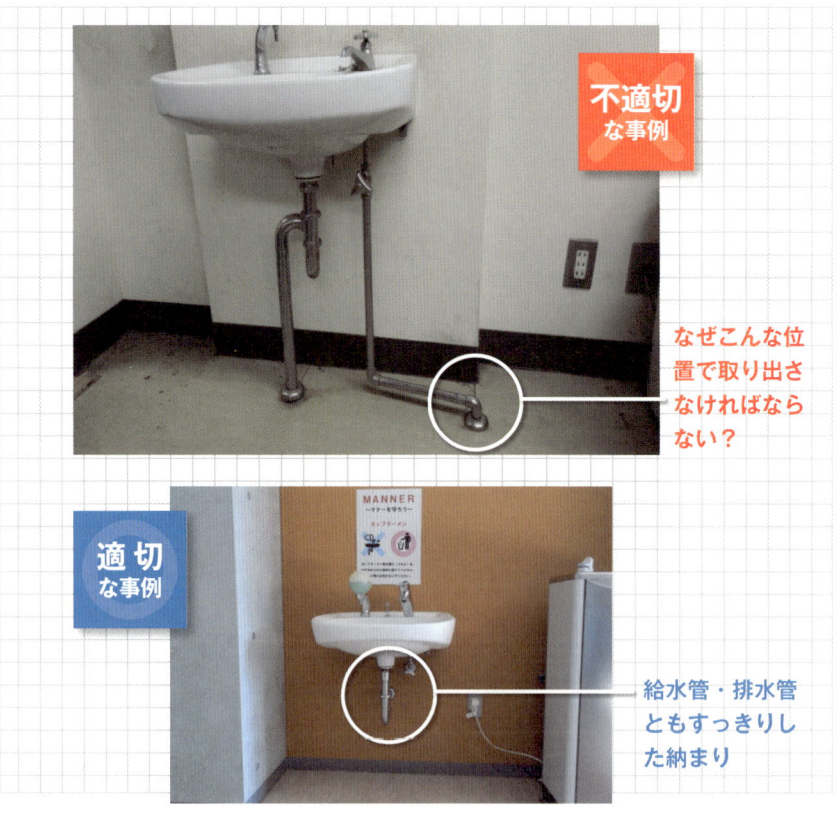

不適切な事例

なぜこんな位置で取り出さなければならない？

適切な事例

給水管・排水管ともすっきりした納まり

100　第2章 不完全性事例 ▶ 設備編

受水槽の上を通る排水管

所　在　地 ▶ 東京都	部　　　位 ▶ 排水	発 生 箇 所 ▶ 設備—給排水
竣　工　年 ▶ 不明	詳 細 部 位 ▶ 排水管	影　　　響 ▶ 安全性（大）
構 造 形 式 ▶ RC造	材　　　料 ▶ 塩ビ管	発 生 要 因 ▶ 環境変化への対応不足
撮　影　年 ▶ 2003年	症　　　状 ▶ 不衛生・危険誘因	責任の所在 ▶ 設計者・施工者

　不適切な事例は、受水槽の上を通っている排水管で、管が損傷した場合、飲用水の水質汚染を招きかねない危険な位置に設置されている。現在、受水槽上部に排水管を設置することは禁止されており、この事例（既存不適格）も早急に改修工事をすべきである。

　適切な事例のように、スラブを貫通し、スラブ下で横引きする排水管の下には、受水槽などを設置しないようにしなければならない。

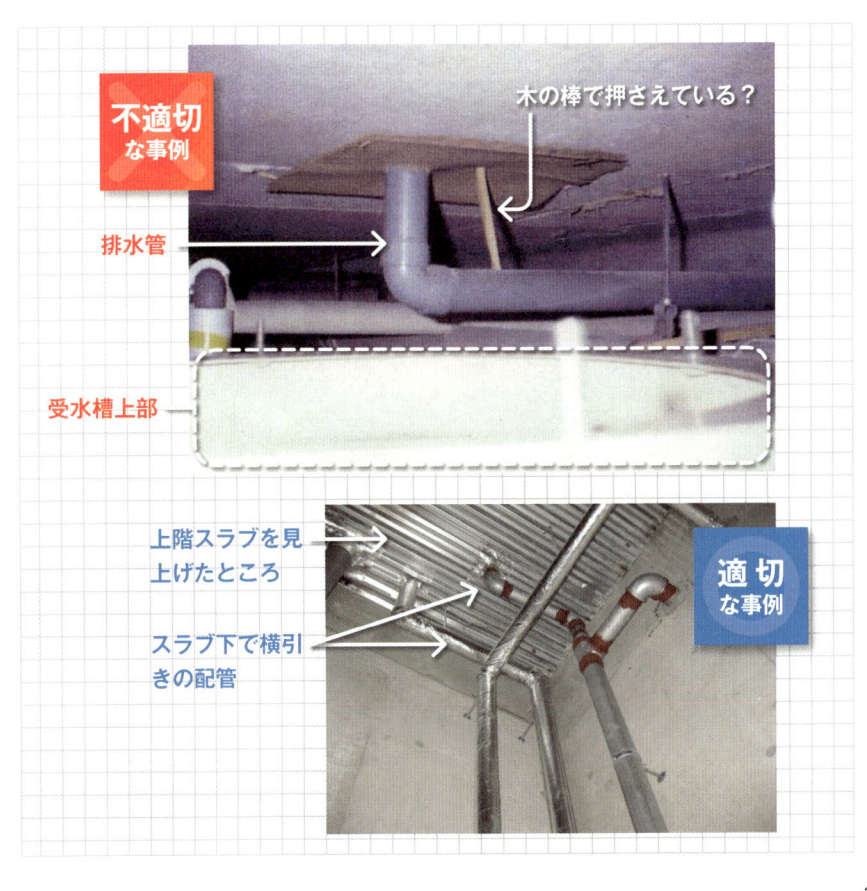

不適切な事例
- 木の棒で押さえている？
- 排水管
- 受水槽上部

適切な事例
- 上階スラブを見上げたところ
- スラブ下で横引きの配管

赤水汚れの原因となった排水管

給排水

所　在　地 ▶ 埼玉県	部　　　位 ▶ 排水	発 生 箇 所 ▶ 設備—給排水
竣　工　年 ▶ 不明	詳 細 部 位 ▶ 排水管	影　　　響 ▶ 安全性（中）
構 造 形 式 ▶ RC造	材　　　料 ▶ 鋼鉄	発 生 要 因 ▶ 組織運営の不良
撮　影　年 ▶ 2004年	症　　　状 ▶ 不衛生・錆	責任の所在 ▶ 維持管理者

　不適切な事例は、壁面の赤水汚れの原因となった排水管である。ドライエリア横の排水溝に設けられたもので、十分な維持管理が行われていないため、所々で排水管に錆が発生して、写真のように汚れが堆積したものと思われる。とても不衛生な状態で異臭も感じられ、早急な対策が必要である。

　排水管の錆は、排水の水質と管種の不適合が原因と考えられ、適切な事例のように、配管素材の選定は十分な検討の上で行うべきである。

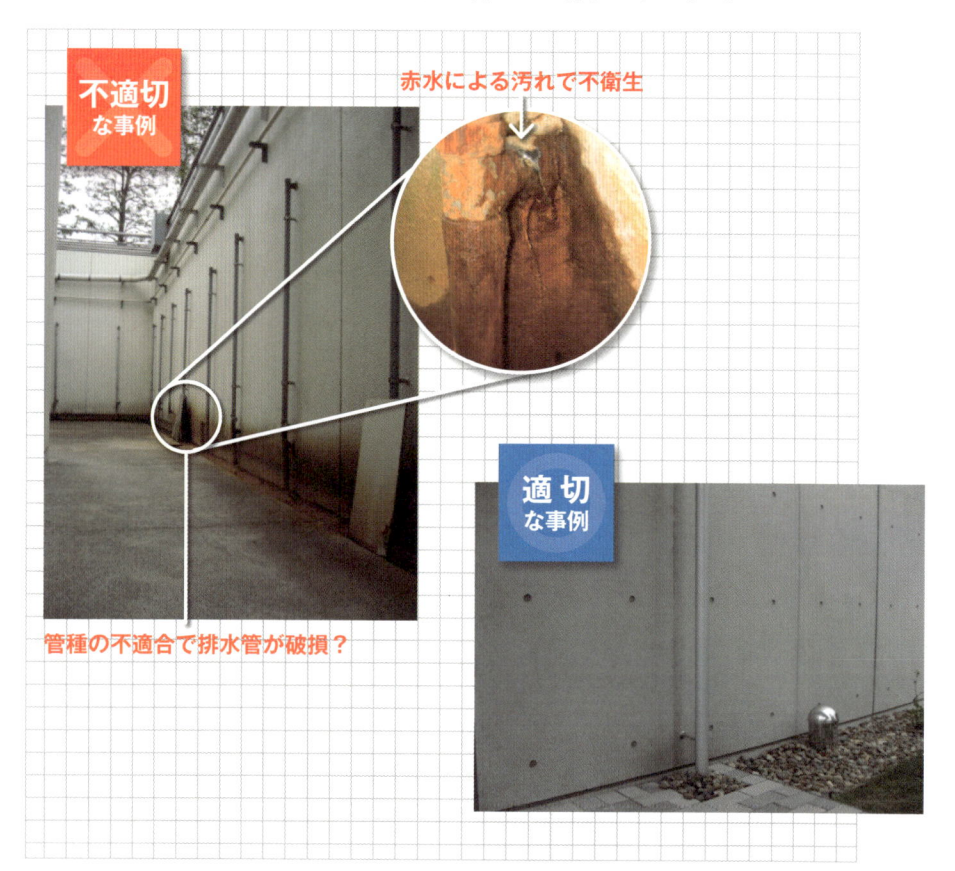

不適切な事例

赤水による汚れで不衛生

管種の不適合で排水管が破損？

適切な事例

芝生に埋もれてしまった排水溝

給排水

所 在 地 ▶	埼玉県	部　　位 ▶	排水	発生箇所 ▶	設備—給排水
竣 工 年 ▶	不明	詳細部位 ▶	排水溝	影　　響 ▶	耐久性（中）
構造形式 ▶	RC造	材　　料 ▶	鋳鉄	発生要因 ▶	維持管理不良
撮 影 年 ▶	2009年	症　　状 ▶	機能障害	責任の所在 ▶	維持管理者

　不適切な事例は、芝生に覆われて見えなくなりそうな排水溝である。維持管理が不十分で芝生が伸びるに任せていたため、このような状態に至ったものと思われる。このままでは、雨天の際に雨水の排水に支障が出るおそれがある。

　日常から植物の繁茂状態に注意し、定期的な点検と清掃（手入れ）を怠らなければ、適切な事例のように、正常な状態を保つことができる。

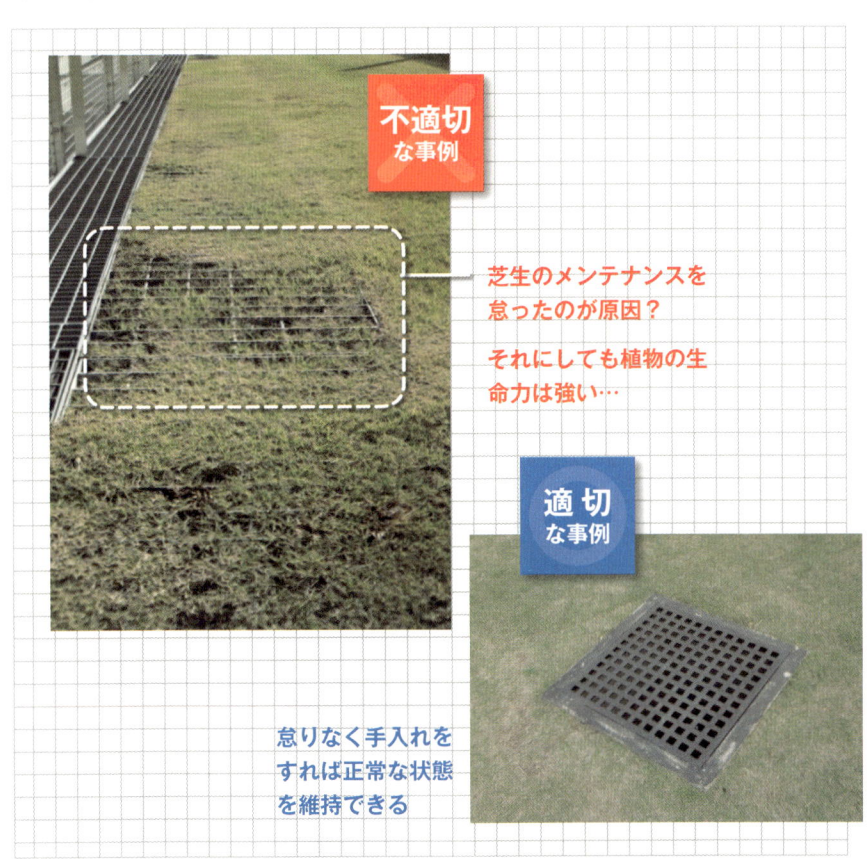

不適切な事例

芝生のメンテナンスを怠ったのが原因？

それにしても植物の生命力は強い…

適切な事例

怠りなく手入れをすれば正常な状態を維持できる

第2章 ▼ 設備編　給排水　空調　電気　防災　搬送　その他

103

点検しにくい壁付け点検口

給排水

所 在 地 ▶	埼玉県	部　　位 ▶	排水	発生箇所 ▶	設備―給排水
竣 工 年 ▶	不明	詳細部位 ▶	配管スペース(PS)	影　　響 ▶	安全性(中)
構造形式 ▶	RC造	材　　料 ▶	塩ビ管	発生要因 ▶	設計不良
撮 影 年 ▶	2013年	症　　状 ▶	点検困難	責任の所在 ▶	設計者

　不適切な事例は、点検作業をするのに支障がある壁付け点検口である。手前に横引き配管があるため、その奥の配管類の点検作業が行いにくくなっている。

　適切な事例のように、点検口内の配管類は、作業のしやすさを考え、奥までよく見えて手が届くよう配置したいものである。また、点検口自体の大きさも、床レベルから2mくらいまでの高さの扉にすると、作業がさらに容易にできるようになる。

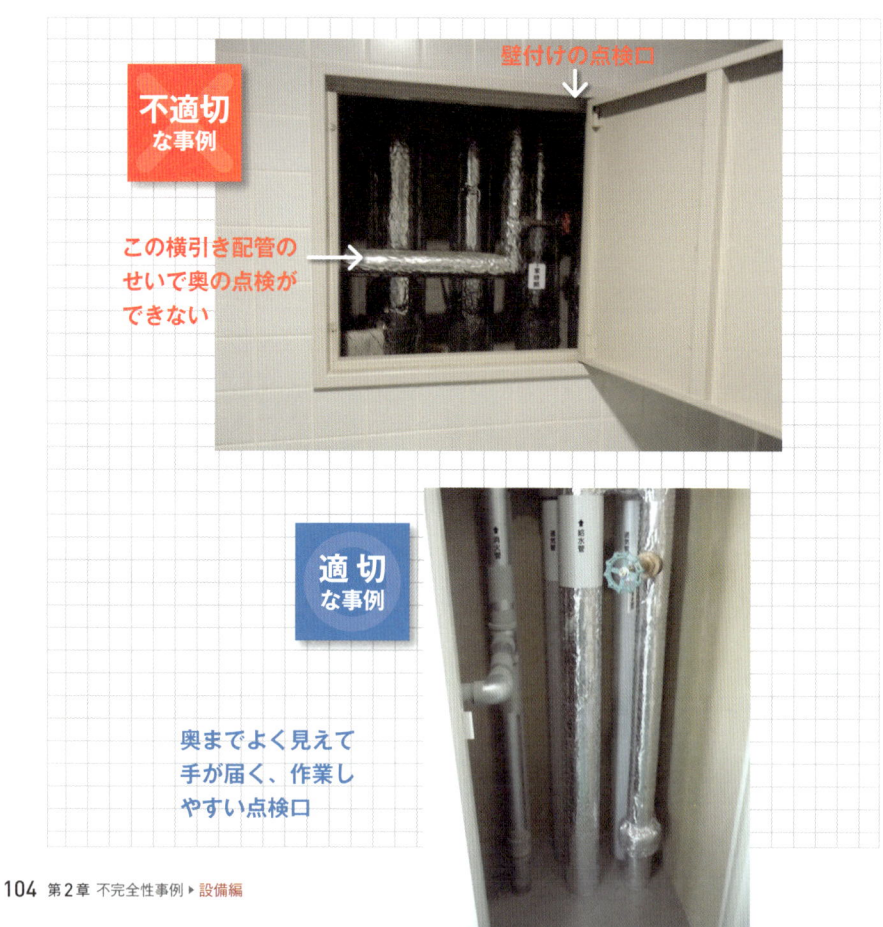

不適切な事例

壁付けの点検口

この横引き配管のせいで奥の点検ができない

適切な事例

奥までよく見えて手が届く、作業しやすい点検口

灌水の手段がない プランターボックス

給排水

所 在 地 ▶ 埼玉県	部　　位 ▶ 給水	発生箇所 ▶ 設備—給排水
竣 工 年 ▶ 1998年	詳細部位 ▶ 給水栓	影　　響 ▶ 快適性（小）
構造形式 ▶ RC造	材　　料 ▶ コンクリート	発生要因 ▶ 設計不良
撮 影 年 ▶ 2010年	症　　状 ▶ 利用障害	責任の所在 ▶ 設計者

　不適切な事例は、近くに給水栓などがなく、植物への水やりに支障があるプランターボックスである。植物を育てるためには、離れた場所にある給水栓で水を汲んで運んでこなければならず、手間がかかることから、いつしかその作業が行われなくなって、植物が枯死してしまった。また、プランターボックスの外側には転落防止のための柵（手摺）がないという問題もある。

　適切な事例のように、プランターボックスは、植物が生育するのに十分な降雨が期待できる場所に設置するか、自動散水栓を設けておくことが望ましい。

不適切な事例

外側に手摺がないため、作業中に転落のおそれアリ

植物には水が必要なことを忘れてしまったプランターボックス

適切な事例

105

傾斜が付いた出入口前の排水溝

給排水

所　在　地 ▶ 東京都	部　　　位 ▶ 排水	発 生 箇 所 ▶ 設備―給排水
竣　工　年 ▶ 1973年	詳 細 部 位 ▶ 排水溝	影　　　響 ▶ 安全性(小)
構 造 形 式 ▶ RC造	材　　　料 ▶ 鋳鉄	発 生 要 因 ▶ 設計不良
撮　影　年 ▶ 2008年	症　　　状 ▶ 危険誘因	責任の所在 ▶ 設計者

　不適切な事例は、店舗の出入口に設けられた、傾斜が付いた排水溝である。出入口の間近にあるため傾斜に気づく人は少ないと思われ、勾配が急なため、つまずいて転倒する危険性がある。排水のために必要なものなのだろうが、出入口よりもう少し離れた位置であれば、問題はなかったであろうと推測される。

　適切な事例のように、排水溝に向けての勾配は1/100程度にすべきである。また、雨水が出入口の両脇に向かって流れるような排水勾配とするのも、一つの手立てである。

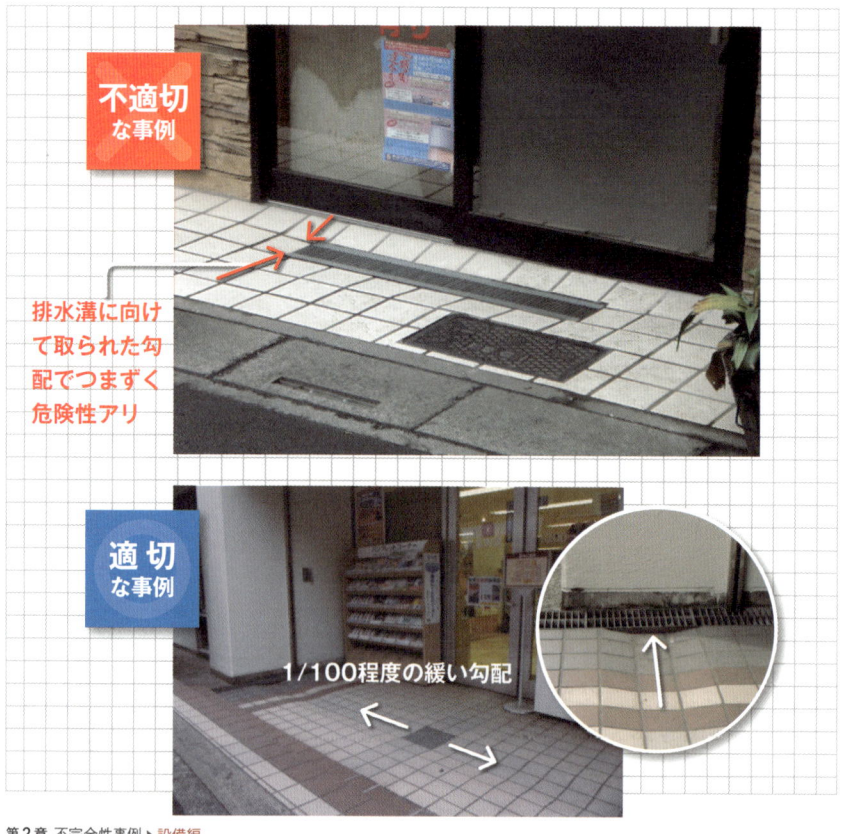

不適切な事例

排水溝に向けて取られた勾配でつまずく危険性アリ

適切な事例

1/100程度の緩い勾配

雨水が浸入するフラットな出入口

給排水

所 在 地 ▶ 埼玉県	部 位 ▶ 排水	発生箇所 ▶ 設備—床
竣 工 年 ▶ 1993年	詳細部位 ▶ 床廻り	影 響 ▶ 快適性（小）
構造形式 ▶ RC造	材 料 ▶ 磁器タイル	発生要因 ▶ 設計不良
撮 影 年 ▶ 2012年	症 状 ▶ 利用障害	責任の所在 ▶ 設計者

　不適切な事例は、雨水が浸入してしまうフラットな出入口である。雨天の際には、建物の内外とも床の磁器タイルが濡れて滑りやすく、危険である。

　これを防ぐには、床面に適切な勾配を付けるとともに、適切な事例のように出入口の扉の前に、排水溝を設けるのが一つの方法である。

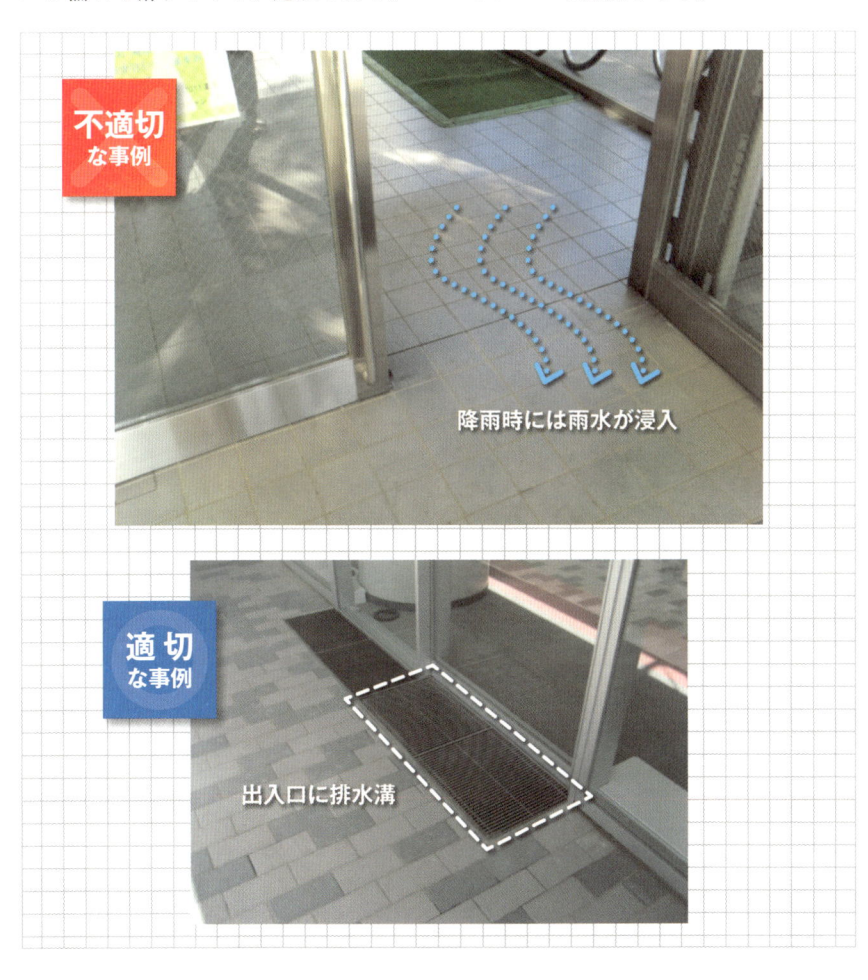

不適切な事例
降雨時には雨水が浸入

適切な事例
出入口に排水溝

傾斜のきつい通路

給排水

所 在 地 ▶ 愛知県	部　　位 ▶ 排水	発 生 箇 所 ▶ 設備—床
竣 工 年 ▶ 不明	詳 細 部 位 ▶ 床	影　　響 ▶ 快適性(小)
構 造 形 式 ▶ RC造	材　　料 ▶ 磁器タイル	発 生 要 因 ▶ 設計不良
撮 影 年 ▶ 2012年	症　　状 ▶ 利用障害	責任の所在 ▶ 設計者

　不適切な事例は、急な傾斜（勾配）が付けられた通路である。フラットにしてしまうと室内に雨水が浸入するおそれがあり、排水のため、通路の右側寄りの部分に向けて両側から勾配をとったものと推測される。しかし、その勾配が急すぎて、車椅子使用者などにとっては通行にしにくい通路になってしまっているし、健常者でも歩行中に違和感を覚えるものと思われる。

　適切な事例のように、排水溝を設け、床の勾配は1/100程度とすべきである。

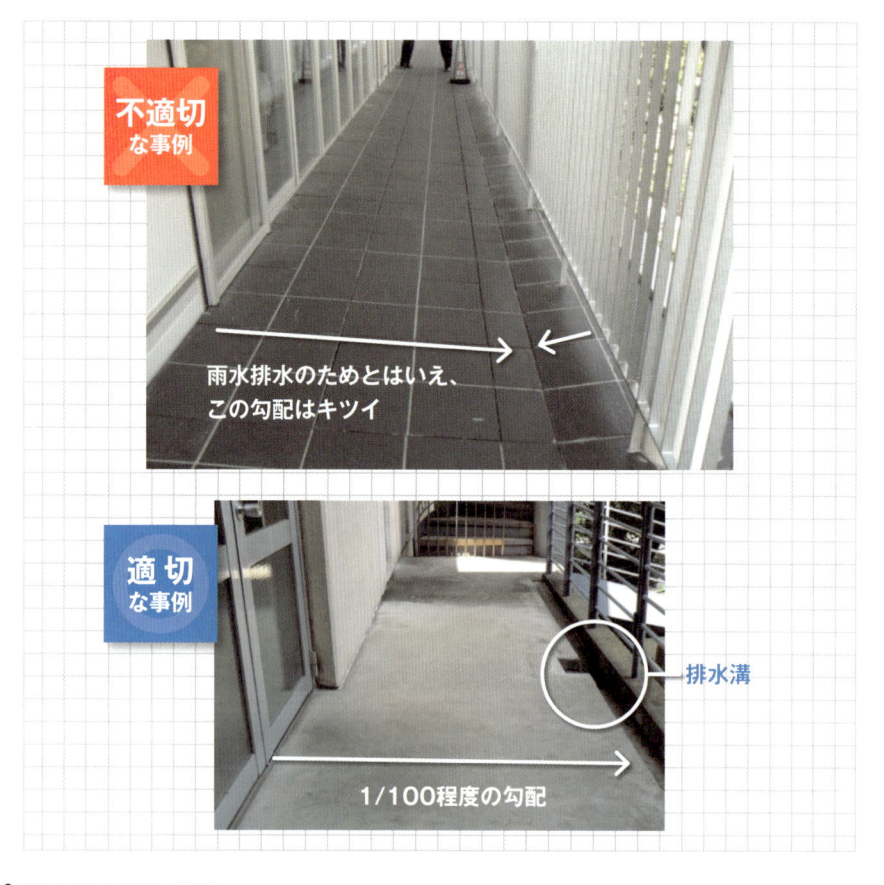

不適切な事例

雨水排水のためとはいえ、この勾配はキツイ

適切な事例

排水溝

1/100程度の勾配

小便器下の汚れ対策が ないトイレ

給排水

所 在 地	▶ 埼玉県	部　　　位	▶ 排水	発 生 箇 所	▶ 設備―床
竣 工 年	▶ 不明	詳 細 部 位	▶ 床廻り	影　　　響	▶ 快適性（小）
構 造 形 式	▶ RC造	材　　　料	▶ ゴム	発 生 要 因	▶ 調査検討不足
撮 影 年	▶ 2012年	症　　　状	▶ 汚れ	責任の所在	▶ 設計者

　不適切な事例は、小便器の下に汚れ対策が施されていないトイレである。小便器廻りの床は汚れが避けられないものだが、利用者の立ち位置を限定するようにその部分の床素材を変えると、便器により近い位置で使用するようになる傾向があり、床の汚れが減少する。

　それゆえ、適切な事例のように床仕上げを一部変えるだけで、利用者の快適感向上と、床の清掃作業の軽減を図ることができる。

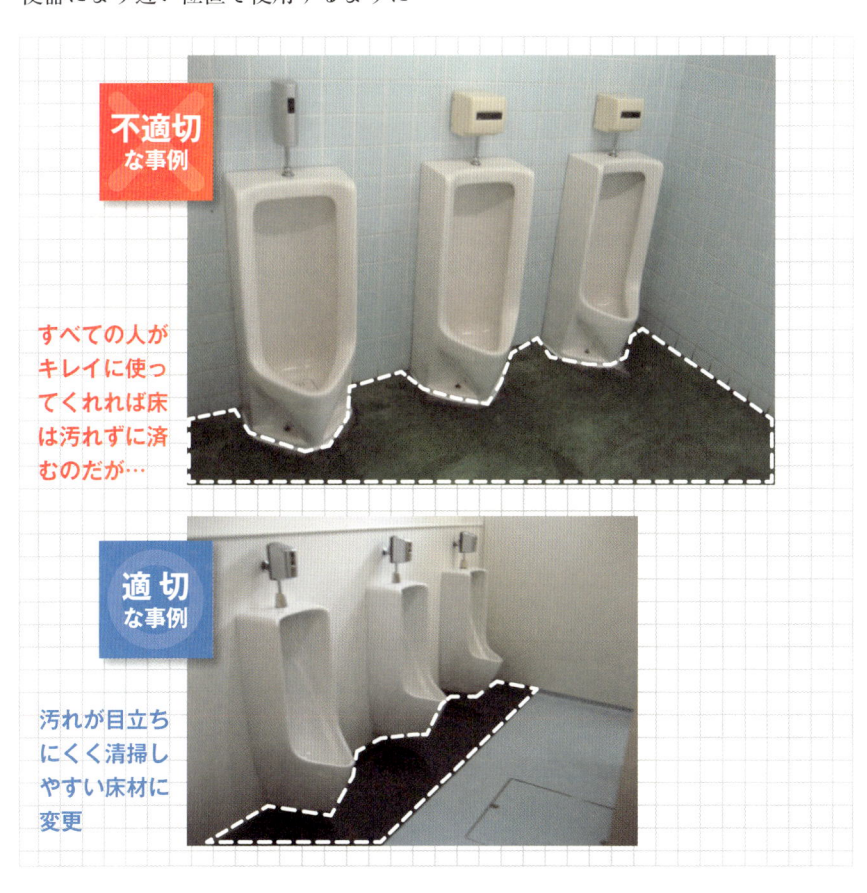

不適切な事例

すべての人がキレイに使ってくれれば床は汚れずに済むのだが…

適切な事例

汚れが目立ちにくく清掃しやすい床材に変更

第2章 ▼ 設備編 / 給排水 / 空調 / 電気 / 防災 / 搬送 / その他

つぶされた配管

空調

所 在 地 ▶ 埼玉県	部　　位 ▶ 空調	発 生 箇 所 ▶ 設備―空調
竣 工 年 ▶ 1998年	詳 細 部 位 ▶ 空調用配管	影　　響 ▶ 経済性(小)
構 造 形 式 ▶ RC造	材　　料 ▶ ステンレスカバー	発 生 要 因 ▶ 無知
撮 影 年 ▶ 1998年	症　　状 ▶ 破損	責任の所在 ▶ 利用者・維持管理者

　不適切な事例は、人が上に載ったためにつぶされてしまった配管である。人の出入りが少ない屋上だが、立入り制限はしていなかったため、たまたま上がってきた人が配管を踏んでしまったもので、配管が破損して冷却水などが漏れていれば、修繕工事が必要になるところであった。

　配管類は、人が立ち入れない場所に設置するか、適切な事例のように、保護用カバーを付ける、架台でかさ上げして人が簡単には乗れない高さにする、などの対策をとるべきである。

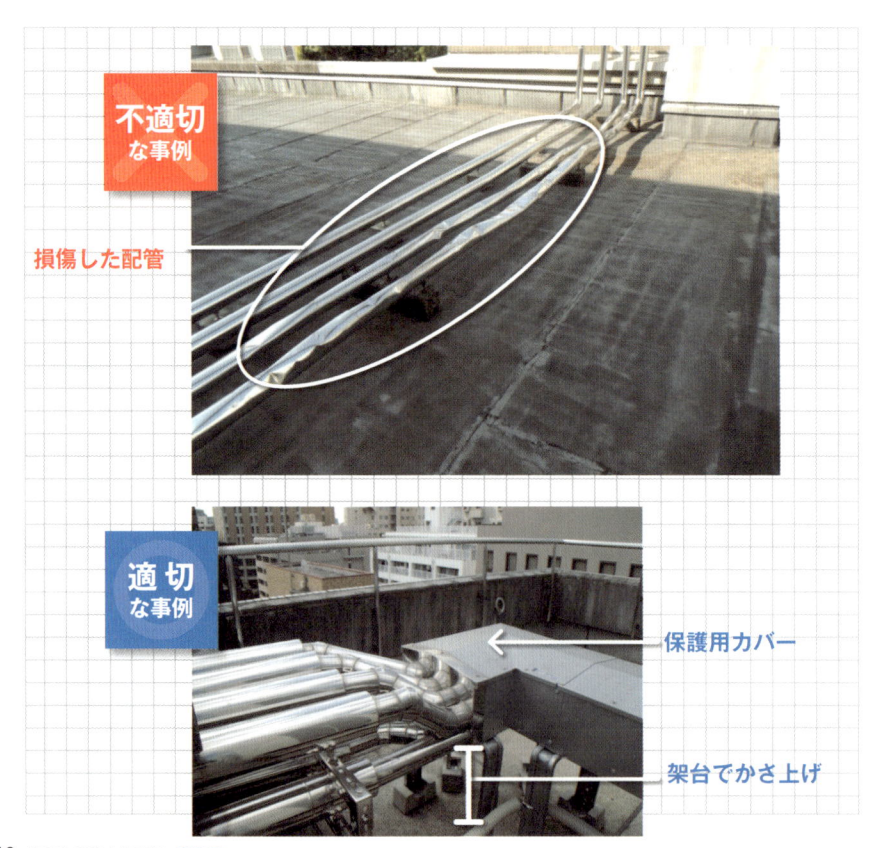

不適切な事例
損傷した配管

適切な事例
保護用カバー
架台でかさ上げ

110　第2章 不完全性事例 ▶ 設備編

天井面を汚す吹出し口

空調

所 在 地 ▶ 東京都	部　　位 ▶ 空調	発生箇所 ▶ 設備—空調
竣 工 年 ▶ 不明	詳細部位 ▶ 吹出し口	影　　響 ▶ 快適性(中)
構造形式 ▶ RC造	材　　料 ▶ スチール	発生要因 ▶ 設計不良
撮 影 年 ▶ 2010年	症　　状 ▶ 汚れ	責任の所在 ▶ 設計者

　不適切な事例は、天井面を汚す空調吹出し口で、アネモスタット型吹出し口の周囲が塵埃で黒ずんでしまっている。この吹出し口を使用し続けるのであれば、対策としてはこまめに清掃を行っていくしかない。

　適切な事例のように、汚染防止型アネモに変えて、天井面から5cmほど出すようにすれば、吹出し口の気流が天井に当たるのを防ぐことができる。

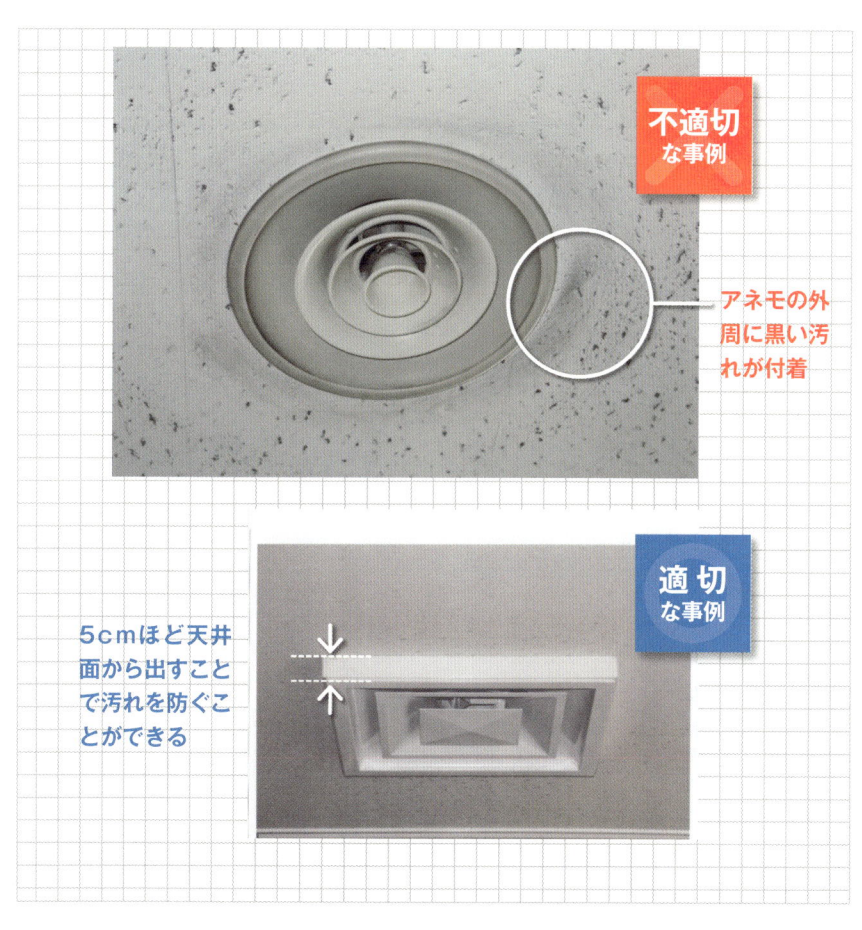

不適切な事例
アネモの外周に黒い汚れが付着

適切な事例
5cmほど天井面から出すことで汚れを防ぐことができる

天井面を汚す排気

空調

所 在 地	▶ 埼玉県	部　　位	▶ 排気	発生箇所	▶ 設備―空調
竣 工 年	▶ 不明	詳細部位	▶ 排気口	影　　響	▶ 快適性（中）
構造形式	▶ RC造	材　　料	▶ アルミ	発生要因	▶ 調査検討不足
撮 影 年	▶ 2007年	症　　状	▶ 汚れ	責任の所在	▶ 設計者・維持管理者

　不適切な事例は、天井面を汚す排気口である。排出された空気が近傍の天井面に当たり、黒ずみ汚れが付着する状況になっている。現状では汚れは放置されたままだが、美観を維持するためには清掃頻度を増やす必要があり、維持管理コストの増加につながる。

　清掃以外の対策としては、適切な事例のように、排気を制御するフードやフィルターを排気口に取り付けるのが有効である。

排気口近傍の天井面に生じた汚れ

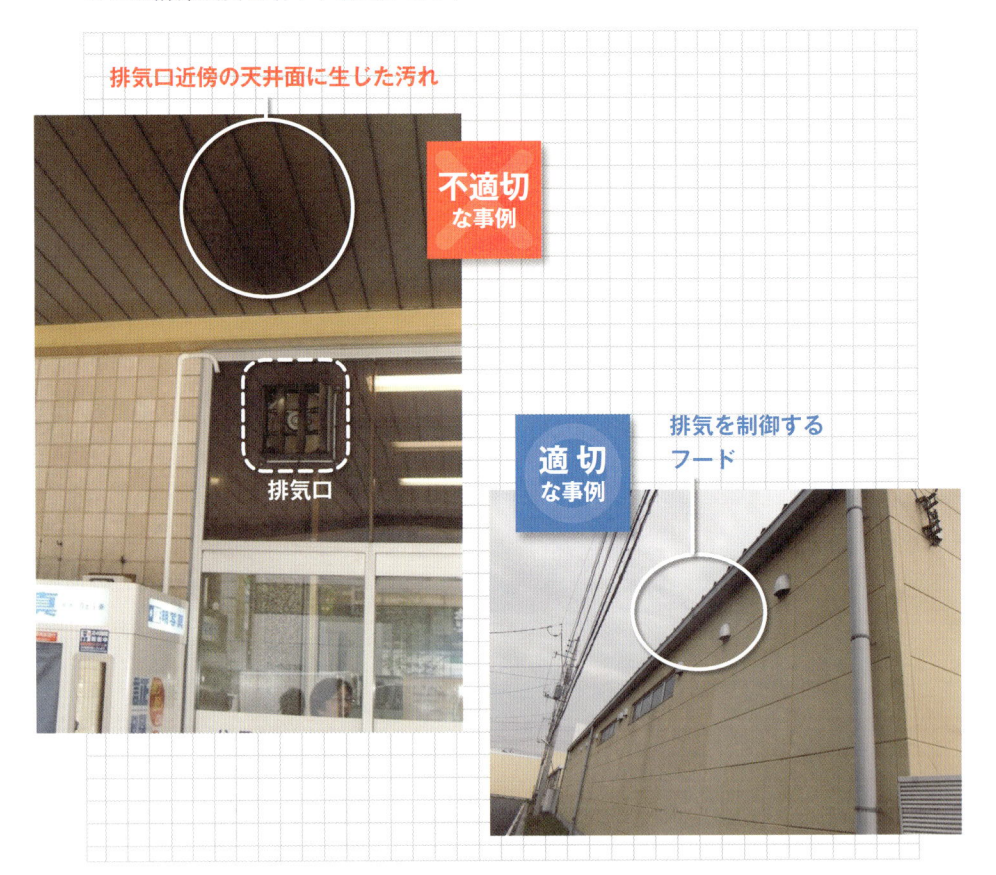

不適切な事例

排気口

適切な事例

排気を制御するフード

外壁を汚す排気口

空調

所 在 地 ▶ 埼玉県	部　　位 ▶ 排気	発生箇所 ▶ 設備—空調
竣 工 年 ▶ 不明	詳細部位 ▶ 外壁	影　　響 ▶ 快適性(中)
構造形式 ▶ RC造	材　　料 ▶ タイル	発生要因 ▶ 不注意
撮 影 年 ▶ 2008年	症　　状 ▶ 汚れ	責任の所在 ▶ 維持管理者

　不適切な事例は、外壁を汚す排気口である。排気口に付着した油分と塵埃が混じり合い、ともに流れ出したことで壁面を汚す事態になっている。排気口の清掃を維持管理者が十分に行わなかったことが原因と考えられる。

　排気口にフィルターを設置したり、清掃を定期的に行うことでこうした汚れは回避することができ、適切な事例のように美観を維持できる。

不適切な事例
排気口の油分にホコリなどが付着して流れ出したことによる汚れ

適切な事例
適切な点検・清掃で汚れは回避できる

高圧カットが心配な室外機

空調

所 在 地 ▶ 福岡県	部　　位 ▶ 空調	発 生 箇 所 ▶ 設備—空調
竣 工 年 ▶ 不明	詳 細 部 位 ▶ 室外機	影　　響 ▶ 経済性(中)
構 造 形 式 ▶ RC造	材　　料 ▶ アルミ	発 生 要 因 ▶ 調査検討不足
撮 影 年 ▶ 2003年	症　　状 ▶ 機能障害	責任の所在 ▶ 設計者

　不適切な事例は、高圧カット（※）になるおそれがある室外機である。室外機からの排気がベランダの立ち上がり部分に当たってはね返り、放熱効率低下を招いている。高圧カットに至る可能性大である。

　空調用室外機は通気のよい場所に設置するのが原則であり、適切な事例のように、ベランダの手摺部分の通気性にも配慮が必要である。

不適切な事例

排気が腰壁にあたってはね返り、
高圧カットになるおそれアリ

適切な事例

室外機は通気のよい場所に設置する

※高圧カットとは、室外機の放熱が十分にできなくなるなどの理由により、コンプレッサーの温度が下がらなくなって、機器側が動作停止すること。

114　第2章 不完全性事例 ▶ 設備編

窓面を立ち上がる排気ダクト

所 在 地 ▶ 埼玉県	部　　位 ▶ 排気	発生箇所 ▶ 設備―空調
竣 工 年 ▶ 1970年	詳細部位 ▶ ダクト	影　　響 ▶ 快適性（中）
構造形式 ▶ RC造	材　　料 ▶ スチール	発生要因 ▶ 調査検討不足
撮 影 年 ▶ 2004年	症　　状 ▶ 利用障害	責任の所在 ▶ 設計者

不適切な事例は、窓部分を立ち上がっている排気ダクトである。後付けで設置されたダクトなのかもしれないが、窓とダクトが重なってしまっており、窓からの採光・通風・眺望に支障が生じている。意匠設計と設備設計の連携不備の典型事例といえる。

適切な事例のように、柱の位置でダクトを立ち上げるといった配慮が求められる。

不適切な事例

3本の排気ダクトの内側には窓があるのだが…

適切な事例

柱の位置で立ち上げれば、窓からの採光・通風などを妨げることはない

ショートサーキットが心配な室外機

空調

所　在　地	▶福岡県	部　　　位	▶空調	発生箇所	▶設備—空調
竣　工　年	▶不明	詳細部位	▶室外機	影　　　響	▶経済性（中）
構造形式	▶RC造	材　　　料	▶スチール	発生要因	▶無知
撮　影　年	▶2009年	症　　　状	▶機能障害	責任の所在	▶設計者

　不適切な事例は、ショートサーキット（※）の発生が懸念される室外機である。室外機専用のバルコニーと思われるが、大量の室外機が密集して設置されており、ショートサーキットを起こす可能性が高い。空調の冷房効率低下や短寿命化を招きかねない状況であり、空調のランニングコストにも悪影響を及ぼす。

　壁面に十分な設置スペースがとれないのであれば、適切な事例のように屋上に設置して、ショートサーキットの発生を防ぐべきである。

不適切な事例

室外機専用バルコニーのようだが、それにしても密集し過ぎ

適切な事例

屋上なら十分に余裕のある設置スペースをとれる可能性が高い

※ショートサーキットとは、自らが吹き出した空気を即、吸い込む状態をいう。その結果、冷房が効かなくなったり異常停止したりする。

116　第2章　不完全性事例 ▶ 設備編

窮屈な場所に押し込められた室外機

空調

所 在 地 ▶ 埼玉県	部　　　位 ▶ 空調	発生箇所 ▶ 設備―空調
竣 工 年 ▶ 1998年	詳 細 部 位 ▶ 室外機	影　　　響 ▶ 耐久性（中）
構造形式 ▶ RC造	材　　　料 ▶ アルミ	発生要因 ▶ 施工不良
撮 影 年 ▶ 2008年	症　　　状 ▶ 点検困難	責任の所在 ▶ 施工者

　不適切な事例は、ベランダ天井付近（上階ベランダのスラブ下）に設置された室外機である。ベランダが狭いマンションでよく見かける事例で、メンテナンススペースがなく、点検作業は困難な状態である。また、放熱をうまく行うことができずにショートサーキットを起こす可能性もある。

　室外機は、適切な事例のように、屋上や壁面などの十分なスペースが確保できる場所に設けたいものである。

不適切な事例
ショートサーキットの危険性があるし、メンテナンス作業もしづらい

適切な事例
ベランダやバルコニーに余裕がなければ屋上設置を考えたい

ショートサーキットが心配な給気口・排気口

空調

所 在 地 ▶ 埼玉県	部　　　位 ▶ 給気・排気	発生箇所 ▶ 設備—空調
竣 工 年 ▶ 2010年	詳細部位 ▶ 換気口	影　　　響 ▶ 快適性(中)
構造形式 ▶ RC造	材　　　料 ▶ アルミ	発生要因 ▶ 設計不良・施工不良
撮 影 年 ▶ 2012年	症　　　状 ▶ 利用障害	責任の所在 ▶ 設計者・施工者

　不適切な事例は、ショートサーキットを起こす危険性がある給気口と排気口である。両者があまりにも近接して設けられているため、排気口から出た排気がそのまま給気口で取り込まれてしまう可能性がある。また、開口部の真上に排気口があると、窓を開けた際に排気が直接当たり、不快感を覚えるおそれもある。

　適切な事例のように、給気口と排気口は十分な間隔をとって設置する、人が利用する場所を避けて設置するのが望ましい。

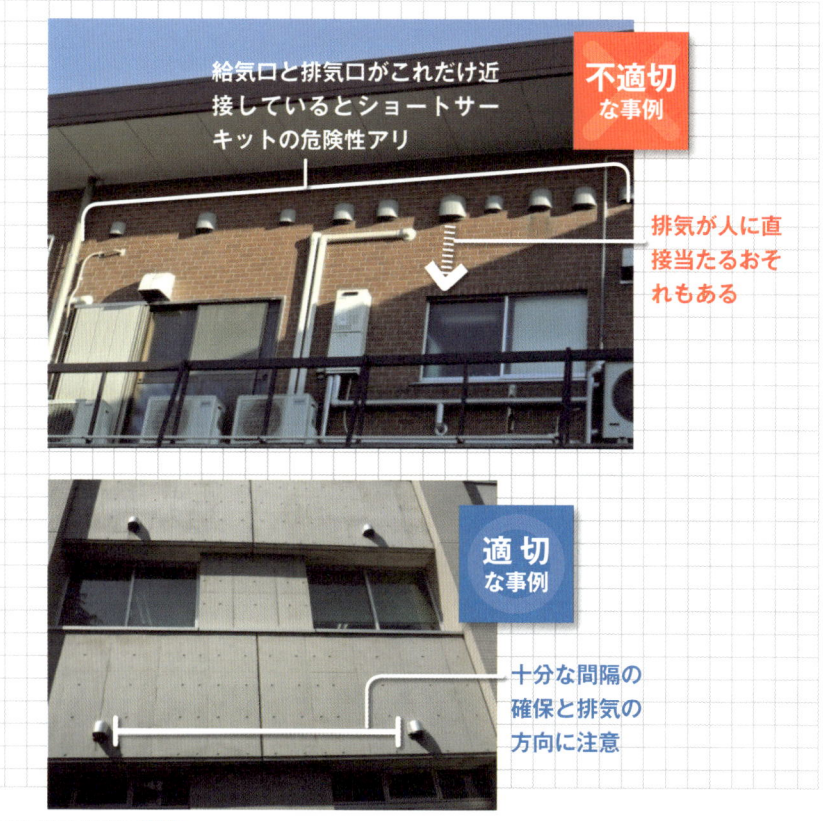

不適切な事例
給気口と排気口がこれだけ近接しているとショートサーキットの危険性アリ
排気が人に直接当たるおそれもある

適切な事例
十分な間隔の確保と排気の方向に注意

カビが発生したエアコンダクト

空調

所 在 地 ▶ 東京都	部　　　位 ▶ 配管	発生箇所 ▶ 設備―空調
竣 工 年 ▶ 2003年	詳細部位 ▶ エアコンダクト	影　　響 ▶ 耐久性(大)・快適性(中)
構造形式 ▶ RC造	材　　　料 ▶ グラスウール	発生要因 ▶ 施工不良
撮 影 年 ▶ 2007年	症　　　状 ▶ 漏水・不衛生	責任の所在 ▶ 施工者・維持管理者

　不適切な事例は、カビが発生したエアコンダクトである。ダクトの結露と漏水によって生じたもので、このまま放置するとダクト内部までカビが侵食してしまい、悪臭やさまざまなアレルギー物質の発生から、健康被害にもつながり兼ねない。

　早急に結露対策、漏水対策を講じる必要があり、適正な事例のように、保温材の施工などを十分行うべきである。

不適切な事例

真っ黒な部分がカビ

配管を下から見上げると…

適切な事例

結露防止のための保温材施工

歩行者に排気が当たる室外機

空調

所 在 地 ▶ 埼玉県	部　　位 ▶ 空調	発生箇所 ▶ 設備—空調
竣 工 年 ▶ 1998年	詳細部位 ▶ 室外機	影　　響 ▶ 快適性（中）
構造形式 ▶ RC造	材　　料 ▶ アルミ	発生要因 ▶ 設計不良
撮 影 年 ▶ 2012年	症　　状 ▶ 利用障害	責任の所在 ▶ 設計者

　不適切な事例は、排気が直接、歩行者に当たってしまう室外機である。人の往来のある通路に面して室外機が設けられているため、歩行者が不快感を覚えるのは避けられない状況である。

　室外機を人が通る場所に面して置かざるを得ない場合でも、適切な事例のように、排気の方向を変えるだけで、クレーム・トラブルを回避することができる。設計者は、機種選定に当たって、さまざまなことに配慮が求められる。

不適切な事例
ここは人が頻繁に通る場所なのだが…

適切な事例
排気を下向きにすることでクレーム・トラブルを回避

120　第2章 不完全性事例 ▶ 設備編

増設する余地のない室外機スペース

所 在 地	埼玉県	部　　位	空調	発生箇所	設備―空調
竣 工 年	1998年	詳細部位	室外機	影　　響	経済性(大)
構造形式	RC造	材　　料	スチール	発生要因	設計不良
撮 影 年	2012年	症　　状	機能障害	責任の所在	設計者

　不適切な事例は、将来の増設をまったく想定していない室外機置場である。室外機を屋上に集中して設置するのは大型の建物ではよくあることだが、機器の増設まで考えて設置スペースがとられている例はそれほど多くないのが実状である。

　適切な事例のように、将来を見据えて、最低限の通路を確保できるようにしたうえで、機器の増設スペースを確保しておきたいものである。

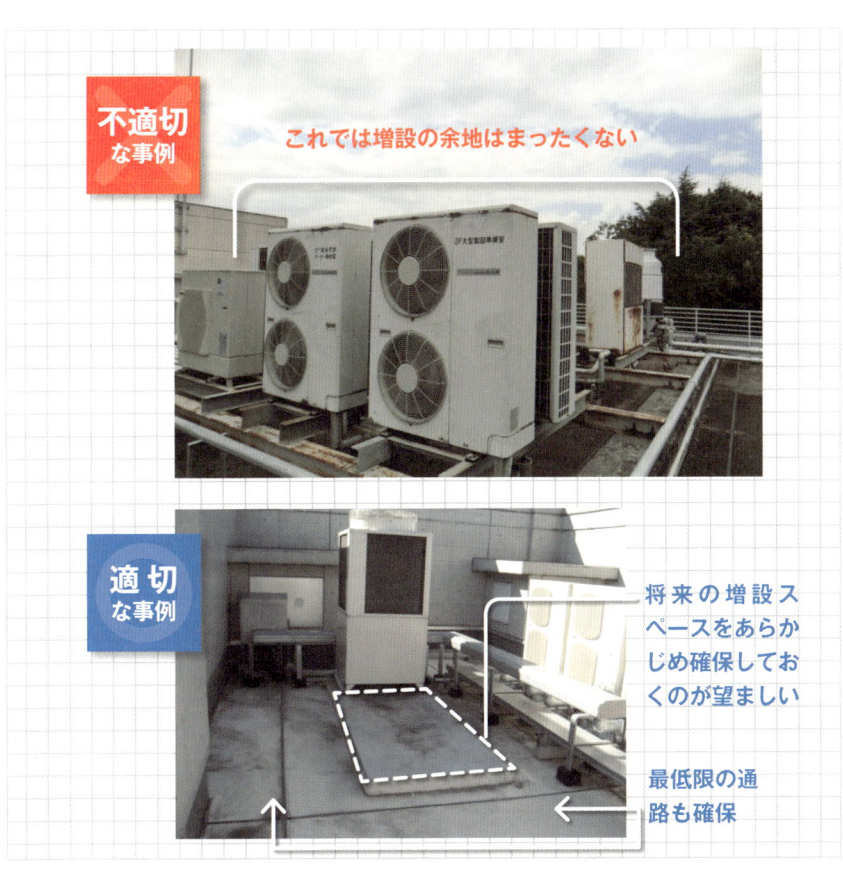

不適切な事例　これでは増設の余地はまったくない

適切な事例　将来の増設スペースをあらかじめ確保しておくのが望ましい／最低限の通路も確保

昼間でも点灯したままの階段照明

電気

所 在 地 ▶ 埼玉県	部 位 ▶ 電灯	発 生 箇 所 ▶ 設備―電気
竣 工 年 ▶ 2001年	詳 細 部 位 ▶ 蛍光灯	影 響 ▶ 経済性(中)
構 造 形 式 ▶ RC造	材 料 ▶ 管球	発 生 要 因 ▶ 調査検討不足
撮 影 年 ▶ 2007年	症 状 ▶ コスト増大	責 任 の 所 在 ▶ 設計者

　不適切な事例は、昼間でも点灯したままの階段照明である。階段と中廊下の照明が連動しているのがその原因で、中廊下は昼間も照明が必要なため、日射で十分な明るさが確保できる階段も一緒に点灯したままになっている。

　改善策としては、適切な事例のように階段と廊下の照明を別系統にすることが挙げられ、階段専用の三路スイッチの採用や自動点灯（消灯）機能を備えた系統とするのも有効である。

少なくともガラス張りの階段踊り場は、日中、照明は必要ないと思うが…

不適切な事例

適 切な事例

配線を別系統にして昼間は消灯

効果が少ない照明の間引き

電気

所 在 地 ▶ 東京都	部　　位 ▶ 電灯	発生箇所 ▶ 設備―電気
竣 工 年 ▶ 1973年	詳細部位 ▶ 蛍光灯	影　　響 ▶ 快適性（中）
構造形式 ▶ RC造	材　　料 ▶ 管球	発生要因 ▶ 誤判断
撮 影 年 ▶ 2004年	症　　状 ▶ 危険誘因	責任の所在 ▶ オーナー

　不適切な事例は、節電効果の少ない照明の間引きである。40W2灯用の蛍光灯照明器具の蛍光管を1本取り外しているが、安定器は40W2灯用をそのまま使用しているので、電力使用量が半分になっているわけではないのが実状である（半分にするには、蛍光管を取り外した側への電力供給を遮断するしかない）。

　適切な事例は、この廊下の改修工事後で、照明器具を2灯用から1灯用へと交換したところである。

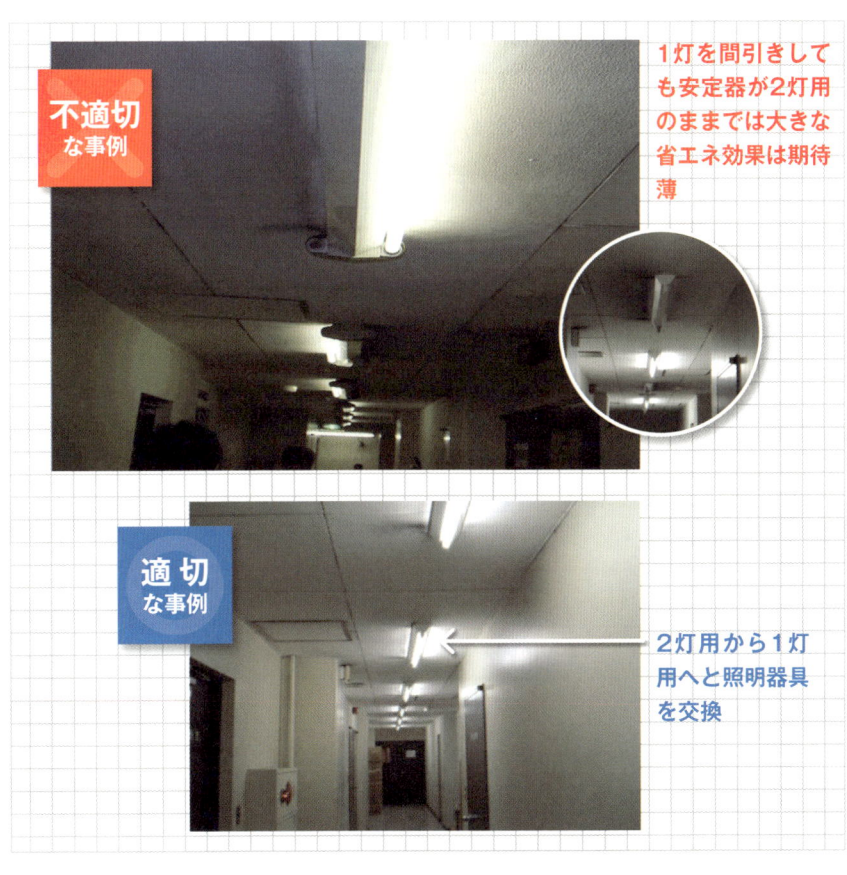

不適切な事例

1灯を間引きしても安定器が2灯用のままでは大きな省エネ効果は期待薄

適切な事例

2灯用から1灯用へと照明器具を交換

第2章 ▼ 設備編 / 給排水 / 空調 / 電気 / 防災 / 搬送 / その他

フレキシブルジョイントの未設置

所 在 地 ▶ 東京都	部　　　位 ▶ 電気(高圧受電設備)	発生箇所 ▶ 設備―電気
竣 工 年 ▶ 1973年	詳細部位 ▶ 気中開閉器二次側	影　　響 ▶ 耐久性(中)
構造形式 ▶ RC造	材　　　料 ▶ ケーブル	発生要因 ▶ 環境変化への対応不足
撮 影 年 ▶ 2004年	症　　　状 ▶ 機能障害	責任の所在 ▶ オーナー

不適切な事例は、フレキシブルジョイントが設置されていない高圧受電設備である。建物の地下電気室にあるもので、揺れを吸収するフレキシブルジョイントがないため、地震の際に破損する危険性がある。

適切な事例は改修後のもので、気中開閉器二次側に赤・白・青の銅製パーツが設置してあり、地震などで高圧側が短絡するおそれがあるため、ケーブルに交換したところである。

不適切な事例

フレキシブルジョイントがないため、この部分が破損する危険性アリ

適切な事例

この部分をケーブルに交換

124　第2章 不完全性事例 ▶ 設備編

外れてしまった電源配管

電気

所 在 地 ▶ 東京都	部 位 ▶ 電気	発生箇所 ▶ 設備―電気
竣 工 年 ▶ 1973年	詳細部位 ▶ 電源配管	影 響 ▶ 安全性(中)
構造形式 ▶ RC造	材 料 ▶ 塩ビ管	発生要因 ▶ 手順の不順守
撮 影 年 ▶ 2009年	症 状 ▶ 破損	責任の所在 ▶ 施工者

　不適切な事例は、途中で外れてしまった塩ビの電源配管である。携帯電話基地局用の電源で、分電盤から専用回線（AC100V）を1回路増設して敷設したのだが、屋上防水層を傷つけないよう配管は屋上に対して固定せず、転がしの架台を使用した。その際、塩ビ管同士のつなぎ目の接着を施工者が忘れたものと思われる。このまま放置しておくと、誤って電源配管を踏みつけた際に、電源ケーブルを切断してしまうおそれがある。

　施工者は、適切な事例のように、屋上の配管敷設では固定方法に十分配慮するよう心掛けたいものである。

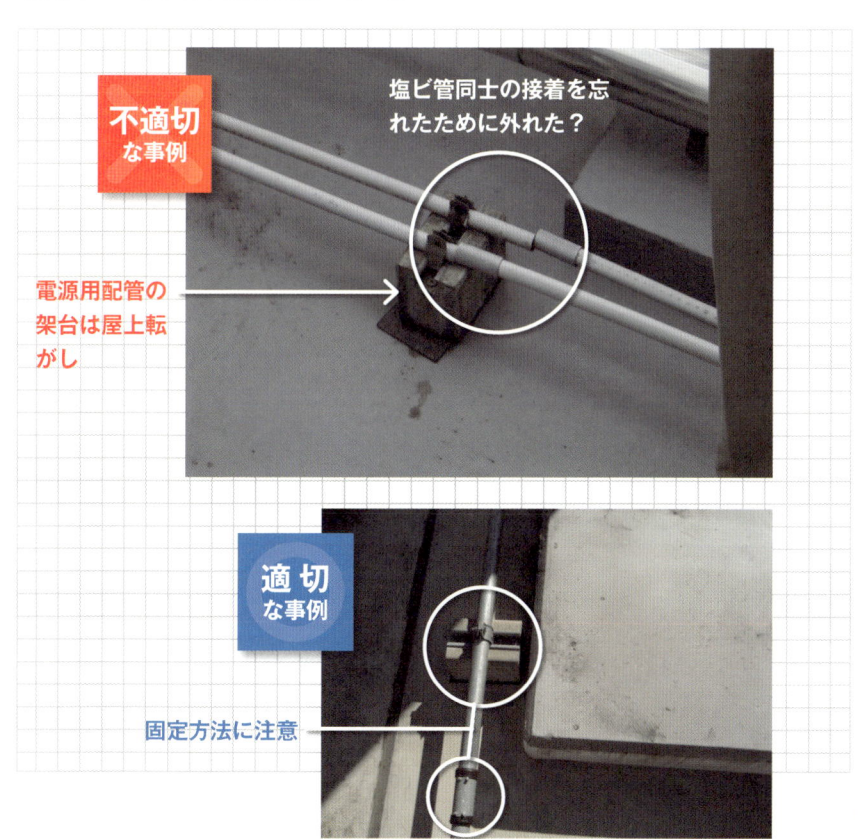

不適切な事例
塩ビ管同士の接着を忘れたために外れた？
電源用配管の架台は屋上転がし

適切な事例
固定方法に注意

125

部屋の奥にある照明スイッチ

電気

所 在 地 ▶ 埼玉県	部　　位 ▶ 電灯	発生箇所 ▶ 設備—電気
竣 工 年 ▶ 1972年	詳細部位 ▶ スイッチ	影　　響 ▶ 安全性(小)
構造形式 ▶ RC造	材　　料 ▶ プラスチック	発生要因 ▶ 設計不良
撮 影 年 ▶ 2007年	症　　状 ▶ 利用障害	責任の所在 ▶ 設計者

　不適切な事例は、講義室の奥に設置された照明スイッチである。理由は定かではないが、スイッチが出入口付近ではなく、部屋の奥の窓際に設けられている。これでは夜間にこの講義室を使用する際、点灯するにも消灯するにも、暗い中を歩く必要があり、机や椅子などにぶつかったり、転倒する危険性がある。

　適切な事例のように、照明スイッチは出入口近くに設けるのが鉄則である。

不適切な事例
こんな奥に取り付けられた照明スイッチ

適切な事例
このように出入口近くに取り付けるのが当たり前

非常口の前に障害物

防災

所 在 地 ▶	埼玉県	部　　位 ▶	防災	発 生 箇 所 ▶	設備—防災
竣 工 年 ▶	不明	詳 細 部 位 ▶	非常口前	影　　響 ▶	安全性(中)
構 造 形 式 ▶	RC造	材　　料 ▶	アルミ	発 生 要 因 ▶	不注意
撮 影 年 ▶	2013年	症　　状 ▶	利用障害・危険誘因	責任の所在 ▶	オーナー・維持管理者

　不適切な事例は、障害物が置かれている非常口である。非常時以外は開閉しないよう注意した貼り紙があって、普段は利用されていないため、非常口前のスペースが物置代わりに用いられている。オーナー・維持管理者・利用者の防災意識は推して知るべしといえる。

　非常時の避難が安全・迅速に行えるよう、適切な事例のように、非常口周りには一切物を置かないことを徹底する管理が求められる。

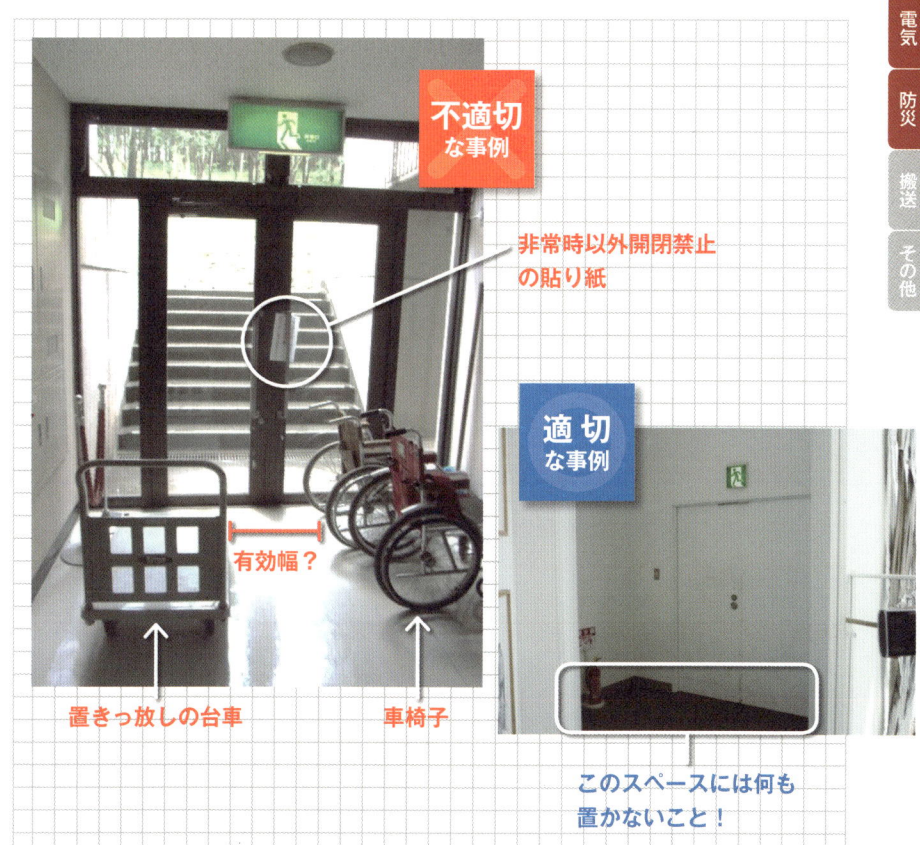

不適切な事例
- 非常時以外開閉禁止の貼り紙
- 有効幅？
- 置きっ放しの台車
- 車椅子

適切な事例
- このスペースには何も置かないこと！

127

消火栓前に障害物

防災

所 在 地 ▶ 東京都	部　　位 ▶ 防災	発 生 箇 所 ▶ 設備—防災
竣 工 年 ▶ 1973年	詳 細 部 位 ▶ 消火栓	影　　響 ▶ 安全性（中）
構 造 形 式 ▶ RC造	材　　料 ▶ スチール	発 生 要 因 ▶ 不注意
撮 影 年 ▶ 2004年	症　　状 ▶ 危険誘因・利用障害	責任の所在 ▶ 利用者

　不適切な事例は、扉の前に障害物が置かれている屋内消火栓である。台車が邪魔になって、緊急時に消火栓を使用する際、迅速な対応ができない状態である。注意の貼り紙があるにもかかわらず台車が置かれているのは、利用者の不注意か、防災意識に乏しいからかは定かではない。

　適切な事例のように、屋内消火栓前には一切物を置かないよう、周知徹底する必要がある。

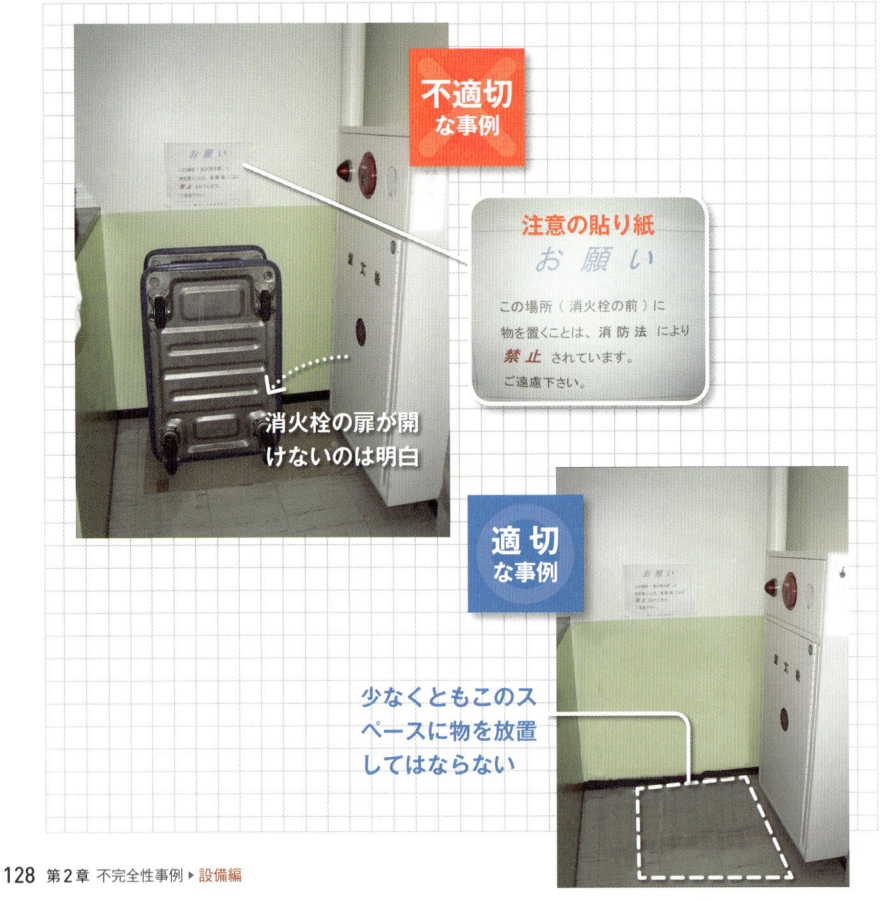

不適切な事例

消火栓の扉が開けないのは明白

注意の貼り紙
お願い
この場所（消火栓の前）に物を置くことは、消防法により禁止されています。
ご遠慮下さい。

適切な事例

少なくともこのスペースに物を放置してはならない

通路中央に設置された消火栓

防災

所　在　地 ▶ 埼玉県	部　　　位 ▶ 防災	発生箇所 ▶ 設備—防災
竣　工　年 ▶ 2001年	詳細部位 ▶ 消火栓	影　　響 ▶ 安全性（中）
構造形式 ▶ RC造	材　　料 ▶ スチール	発生要因 ▶ 設計不良
撮　影　年 ▶ 2009年	症　　状 ▶ 利用障害	責任の所在 ▶ 設計者

　不適切な事例は、通路の中央部に設置された消火栓である。屋内消火栓は、近くて見やすい位置に設置するよう義務づけられているが、この事例は消火栓の存在を見落としやすい位置・向きで設置されている。また、通路中央にあるので、避難動線と消火栓を使用する人の動線が交差し、迅速な対応ができないおそれがある。

　適切な事例のように、屋内消火栓は通路壁面に埋め込むよう設置して、どこからでも視認でき、かつ、避難動線と重ならないよう十分なスペースを確保すべきである。

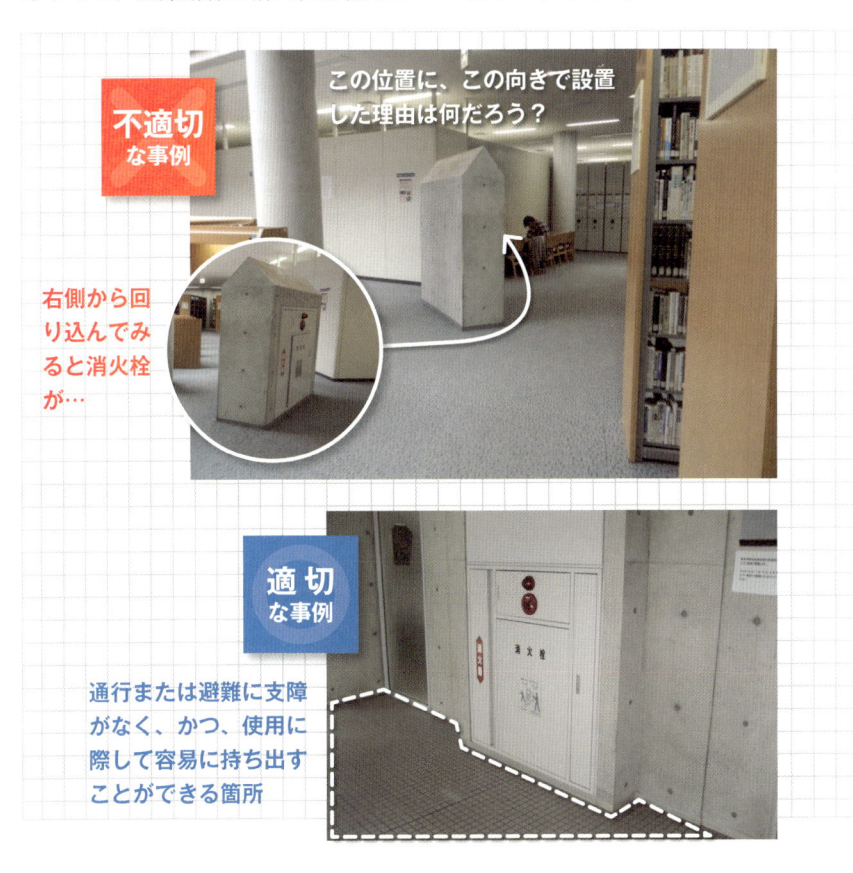

第2章 ▼ 設備編／給排水／空調／電気／防災／搬送／その他

不適切な事例
この位置に、この向きで設置した理由は何だろう？
右側から回り込んでみると消火栓が…

適切な事例
通行または避難に支障がなく、かつ、使用に際して容易に持ち出すことができる箇所

129

邪魔な位置にある消火器

防災

所 在 地 ▶ 千葉県	部　　位 ▶ 防災	発生箇所 ▶ 設備―防災
竣 工 年 ▶ 不明	詳細部位 ▶ 消火器	影　　響 ▶ 安全性(中)
構造形式 ▶ S造	材　　料 ▶ ステンレス	発生要因 ▶ 設計不良
撮 影 年 ▶ 2012年	症　　状 ▶ 利用障害	責任の所在 ▶ 設計者

　不適切な事例は、車を駐車するのに邪魔な位置に置かれた消火器である。駐車スペースにはみ出しているわけではもちろんないが、車が接触する可能性がある場所であり、土台の上に載せられていて不安定であることは否めない。また、両側に駐車している場合は、2台の車の間に入り込まないと消火器を取り出すことができない。

　消火器は、適切な事例のように手に取りやすい位置で、かつ、車が駐車する動線から外れている場所に設置するのが望ましい。

不適切な事例

運転操作を少し誤ると車が接触するおそれアリ

なぜ土台付き？

適切な事例

人の動線　　　車の出入りの向き

障害物だらけの消火栓周り

防災

所 在 地 ▶ 埼玉県	部　　位 ▶ 防災	発生箇所 ▶ 設備—防災
竣 工 年 ▶ 1998年	詳細部位 ▶ 消火栓	影　　響 ▶ 安全性(中)
構造形式 ▶ RC造	材　　料 ▶ スチール	発生要因 ▶ 維持管理不足
撮 影 年 ▶ 2012年	症　　状 ▶ 利用障害	責任の所在 ▶ 維持管理者

　不適切な事例は、周囲が障害物だらけの屋内消火栓である。ゴミ箱や家具、外した扉など、周りに置かれている雑多な物が障害物となって、非常時の迅速な消火活動の妨げになるおそれがある。

　消火栓は、適切な事例のように、扉前に一切物を置かず、かつ、消火栓内部の資機材も使用に支障がない状態で収納されているように、維持管理者が責任を持って管理しなければならない。

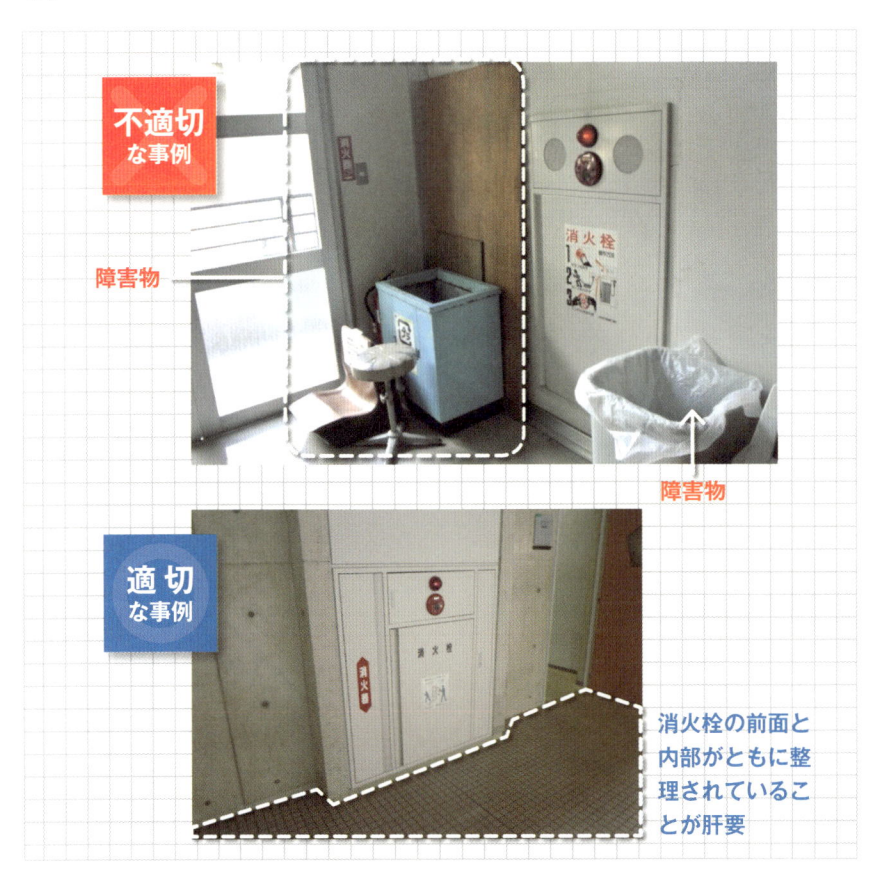

不適切な事例
障害物
障害物

適切な事例
消火栓の前面と内部がともに整理されていることが肝要

目視困難な位置にある消火器

防災

所 在 地 ▶ 東京都	部　　位 ▶ 防災	発生箇所 ▶ 設備―防災
竣 工 年 ▶ 1973年	詳細部位 ▶ 消火器	影　　響 ▶ 安全性（中）
構造形式 ▶ RC造	材　　料 ▶ アルミ	発生要因 ▶ 設計不良
撮 影 年 ▶ 2009年	症　　状 ▶ 危険誘因	責任の所在 ▶ 設計者

　不適切な事例は、方向によっては目視困難な位置に設置された消火器である。消火器は、消防法で見やすい場所に設置することが義務づけられている（※）。しかし事例では、写真手前側から見れば消火器の存在が明らかだが、写真奥側からでは柱の陰に完全に隠れて視認できない状態である。

　適切な事例のように、廊下のどこからでもよく見える位置に設置するよう、改めるべきである。

　※消防法施行令第10条（消火器具に関する基準）第2項第2号

不適切な事例

柱の出っ張りに隠れて、向こう側からは消火器が見えない

適切な事例

廊下のどこからでも視認性のよい位置

開閉装置が離れた場所にある防火扉

所 在 地 ▶	東京都	部　　位 ▶	防災	発生箇所 ▶	設備―防災
竣 工 年 ▶	1973年	詳細部位 ▶	防火扉	影　　響 ▶	安全性（中）
構造形式 ▶	RC造	材　　料 ▶	ステンレス	発生要因 ▶	誤判断
撮 影 年 ▶	2004年	症　　状 ▶	利用障害	責任の所在 ▶	設計者

　不適切な事例は、開閉装置が離れた場所に設置されている防火扉である。防火扉の開閉装置は、扉の開閉に支障がないことが肝要（※）であるが、この事例のように遠く離れた場所にあると使い勝手が悪く、非常時に危険を伴うおそれがある。

　適切な事例のように、防火扉の開閉装置は扉に近接した位置に設置し、利用しやすい状態にしておかなければならない。

※消防法第8条の2の4（防火対象物の避難上必要な施設や防火戸の管理）

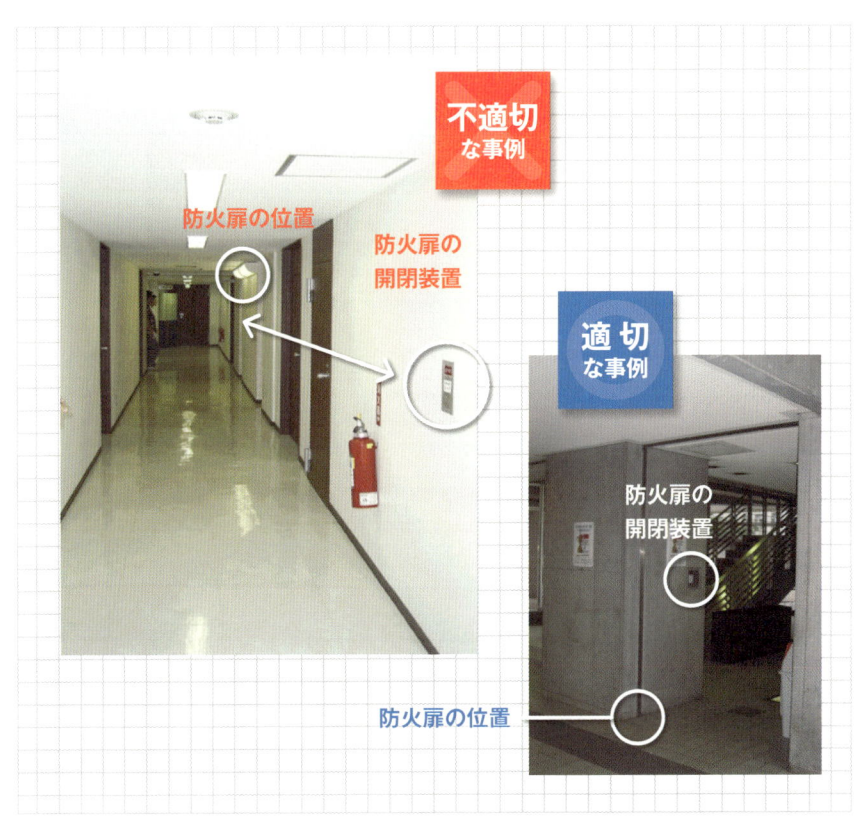

133

保護キャップが外れたままの送水口

防災

所 在 地 ▶ 埼玉県	部　　位 ▶ 防災	発生箇所 ▶ 設備―防災
竣 工 年 ▶ 不明	詳細部位 ▶ 送水口	影　　響 ▶ 安全性（中）
構造形式 ▶ RC造	材　　料 ▶ ステンレス	発生要因 ▶ 無知
撮 影 年 ▶ 2008年	症　　状 ▶ 点検不良	責任の所在 ▶ 維持管理者

　不適切な事例は、保護キャップが外れたままになっている送水口である。写真の送水口内部の様子からすると、相当長期間、この状態が続いているようである。

　内部に異物を詰め込まれるなどして非常時の使用に支障が出ることがないよう、維持管理者は常に日常点検を行って、適切な事例のように、保護キャップを外せばすぐに送水できる状態にしておかなければならない（※）。

　※消防庁告示「スプリンクラー設備等の送水口の基準」第2（構造及び機能）第4号
「ホース接続口には、容易に脱着でき、かつ、経年変化をし難い保護キャップが設けられていること。」

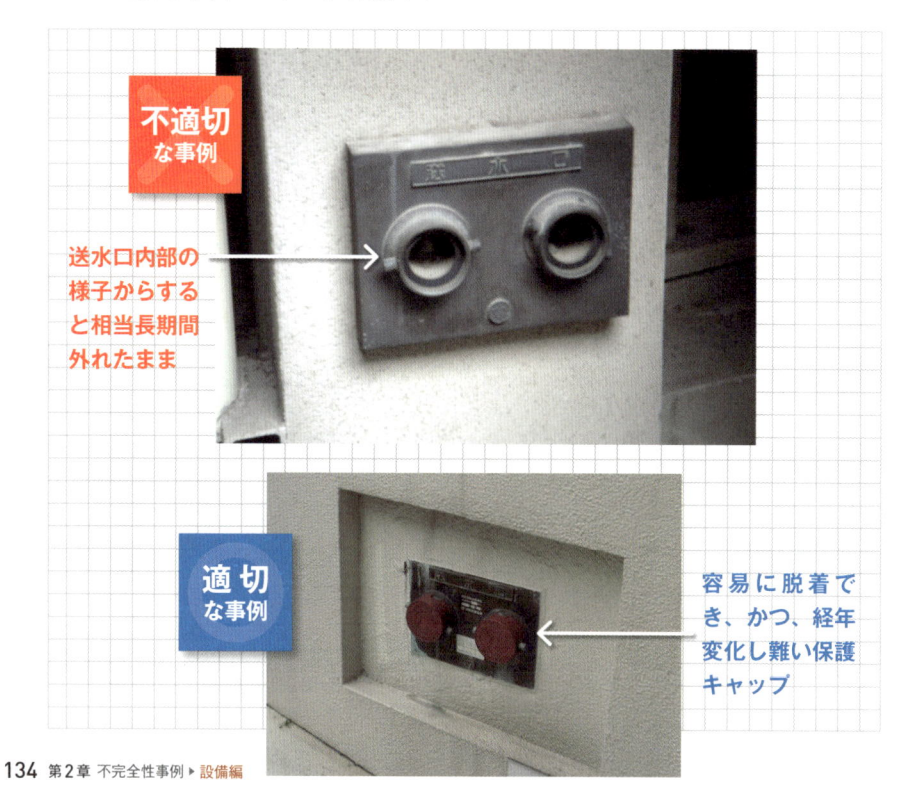

不適切な事例
送水口内部の様子からすると相当長期間外れたまま

適切な事例
容易に脱着でき、かつ、経年変化し難い保護キャップ

植物に埋もれてしまった送水口

防災

所 在 地	埼玉県	部　　位	防災	発生箇所	設備—防災
竣 工 年	1985年	詳細部位	送水口廻り	影　　響	安全性（中）
構造形式	RC造	材　　料	ステンレス	発生要因	不注意
撮 影 年	2010年	症　　状	危険誘因・利用障害	責任の所在	維持管理者

不適切な事例は、植物に埋もれてほとんど見えなくなってしまった屋外送水口である。植栽の維持管理が不十分で繁茂するに任せていたため、このような状態になった。これでは、この送水口を使用しての消火活動に支障があることは疑いがない。

屋外送水口は、適切な事例のように、誰でも発見しやすく、かつ、操作しやすい状態に維持管理しておかなければならない（※）。

※消防本部告示第11号「消防用設備等の標識及び掲示板の表示基準」

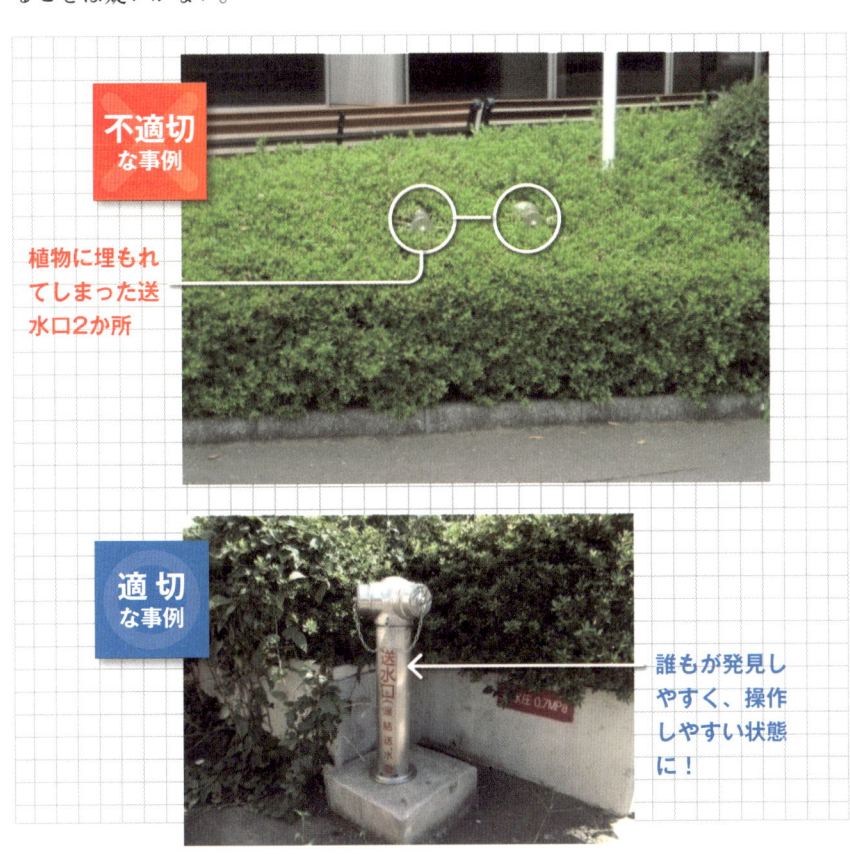

不適切な事例

植物に埋もれてしまった送水口2か所

適切な事例

誰もが発見しやすく、操作しやすい状態に！

135

柱の陰に隠れている消火栓

防災

所 在 地 ▶ 埼玉県	部　　位 ▶ 防災	発生箇所 ▶ 設備—防災
竣 工 年 ▶ 不明	詳細部位 ▶ 消火栓	影　　響 ▶ 安全性(中)
構造形式 ▶ RC造	材　　料 ▶ スチール	発生要因 ▶ 設計不良
撮 影 年 ▶ 2010年	症　　状 ▶ 危険誘因・利用障害	責任の所在 ▶ 設計者

　不適切な事例は、柱の陰に隠れて見つけにくい屋内消火栓である。駅の構内に設置されているもので、消火栓の前に丸柱があり、その柱を回り込まないと発見できない。これでは、非常の際に消火栓を探す余計な時間が必要になって、消火活動が遅れる懸念がある。

　適切な事例のように、消火栓はどこからでも見やすい場所に設置すべきである。

不適切な事例

柱の左側に回り込むと…　　奥に隠れていた消火栓がようやく現れた

適切な事例

視認性のよい場所に設置するのが第一

136　第2章 不完全性事例 ▶ 設備編

開閉スイッチが別室にある排煙装置

防災

所 在 地 ▶ 埼玉県	部　　　位 ▶ 防災	発生箇所 ▶ 設備―防災
竣 工 年 ▶ 1985年	詳細部位 ▶ 排煙装置開閉スイッチ	影　　　響 ▶ 安全性（中）
構造形式 ▶ RC造	材　　　料 ▶ スチール・ガラス	発生要因 ▶ 設計不良
撮 影 年 ▶ 2007年	症　　　状 ▶ 利用障害	責任の所在 ▶ 設計者

　不適切な事例は、装置本体とは別の部屋に開閉スイッチが設置されている排煙装置である。吹抜けのトップライトの一部が排煙のために開閉するのだが、開閉スイッチは吹抜けではなく、近くの部屋の中にある。しかも、その部屋は平常時に鍵がかかっており、非常時に迅速な対応ができない。

　適切な事例のように、開閉スイッチは排煙装置（排煙窓）の近傍で、開閉操作をすばやくできる位置に設置すべきである。

不適切な事例

排煙窓

開閉スイッチがある部屋の出入口ドア（施錠状態）

適切な事例

排煙窓

排煙装置の開閉スイッチ

防火シャッターの下に障害物

防災

所 在 地 ▶ 東京都	部　　位 ▶ 防災	発生箇所 ▶ 設備—防災
竣 工 年 ▶ 不明	詳細部位 ▶ 防火シャッター	影　　響 ▶ 安全性（中）
構造形式 ▶ RC造	材　　料 ▶ ステンレス	発生要因 ▶ 無知
撮 影 年 ▶ 2008年	症　　状 ▶ 機能障害	責任の所在 ▶ 利用者

　不適切な事例は、真下に障害物が置かれている防火シャッターである。この状態では、火災時にシャッターが完全に床まで降りず、大変危険である。維持管理者は、日常点検でこうした状態を見逃さないようにするとともに、利用者への周知を図らなければならない。

　適切な事例のように、防火シャッターの下には何も置かず、非常時にその機能が問題なく発揮される状態を維持しておくことが必須である。

不適切な事例
防火シャッター
降りてきたシャッターは間違いなく当たる

適切な事例
防火シャッター
物品を置かない状態を維持！

138　第2章　不完全性事例 ▶ 設備編

避難方向が間違っている誘導灯

防災

所 在 地	熊本県	部 位	防災	発生箇所	設備―防災
竣 工 年	不明	詳細部位	非常口誘導灯	影 響	安全性（大）
構造形式	RC造	材 料	プラスチック	発生要因	施工不良
撮 影 年	2009年	症 状	危険誘因	責任の所在	施工者

　不適切な事例は、避難方向を示す矢印が逆を指している誘導灯である。飲食店の出入口を入ってすぐの位置に設置されているもので、その出入口が非常口でもあるはずなのだが、誘導灯の矢印は逆向きで店舗の奥を指している。これでは、火災などの際に逃げ遅れる人が出る可能性があり、大変危険である。

　適切な事例のように、正しい方向を指し示すよう、早急に改めなければならない。

　ちなみに、店舗の従業員に話を聞いたところ、消防設備点検の実施後にこの状態になったとのこと。後日、点検業者が正常なかたちに直したそうである。

不適切な事例　矢印の向きが逆！
通常の出入口であり非常口でもあるはず

適切な事例　正しい指示方向
非常口

点灯していない誘導灯

防災

所 在 地 ▶ 埼玉県	部　　位 ▶ 防災	発生箇所 ▶ 設備―防災
竣 工 年 ▶ 不明	詳細部位 ▶ 非常口誘導灯	影　　響 ▶ 安全性(中)
構造形式 ▶ RC造	材　　料 ▶ プラスチック	発生要因 ▶ 不注意
撮 影 年 ▶ 2007年	症　　状 ▶ 危険誘因	責任の所在 ▶ 維持管理者

　不適切な事例は、点灯していない非常口誘導灯である。写真中の照明器具が点灯している間はまだしも、非常時に停電して照明器具が消灯してしまったら、避難方向がわからず大変危険である。

　消防法では、誘導標識はすべての防火対象物のすべての階に設置が義務づけられており、適切な事例のように、安全性を確保するため、非常口誘導灯が常に点灯状態にあるよう、維持管理を行わなければならない。

不適切な事例

これらの照明器具が消灯したら避難方向がわからなくなる

適切な事例

常に点灯状態にあることが必須

140　第2章 不完全性事例 ▶ 設備編

押しにくい エレベーター乗り場ボタン

所 在 地	埼玉県	部　　位	搬送	発生箇所	設備—搬送
竣 工 年	2008年	詳細部位	エレベーター	影　　響	快適性(中)
構造形式	RC造	材　　料	ステンレス	発生要因	調査検討不足
撮 影 年	2010年	症　　状	利用障害	責任の所在	設計者

　不適切な事例は、押しにくいエレベーターの乗り場ボタンである。健常者が利用する分には何の問題もないが、障害者用に設けられたボタンの前に手摺とスロープがあるため、車椅子使用者がボタンを押しづらい状態になっている。

　通路とエレベーター出入口の段差解消のためスロープはこのまま残すとしても、適切な事例のように、少なくとも手摺を部分的に低くするなどして、車椅子使用者にも使いやすい状態に改めるべきである。

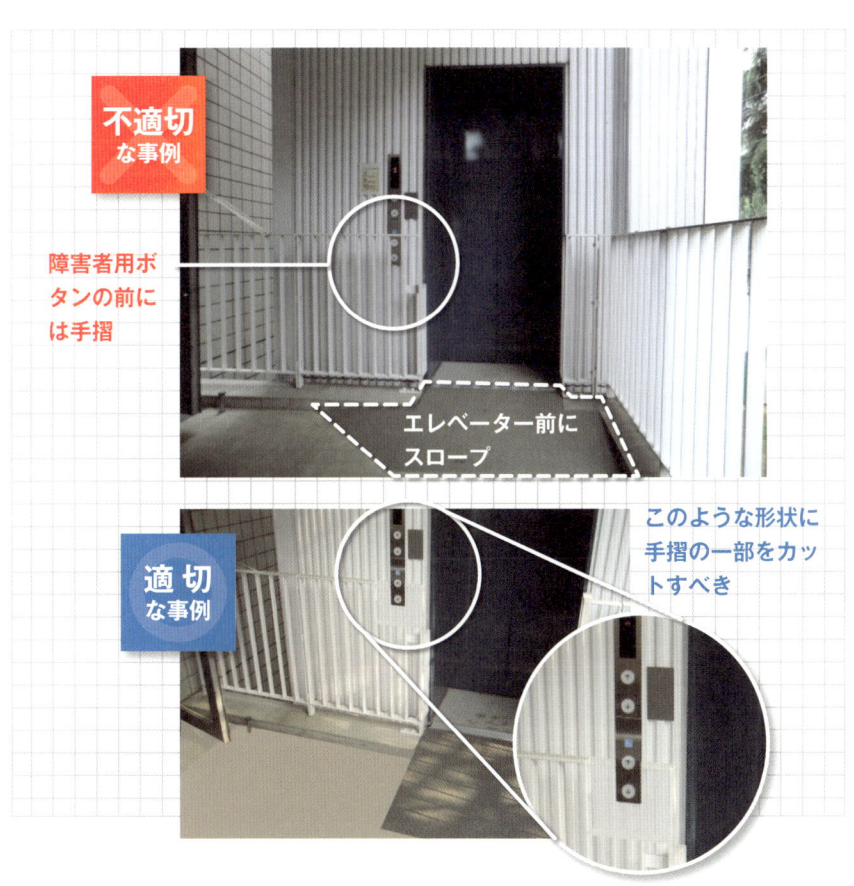

不適切な事例
障害者用ボタンの前には手摺
エレベーター前にスロープ

適切な事例
このような形状に手摺の一部をカットすべき

障がい者が乗降しにくいエレベーター

所 在 地	▶ 埼玉県	部　　位	▶ 搬送	発生箇所	▶ 設備—搬送
竣 工 年	▶ 2010年	詳細部位	▶ エレベーター乗り場	影　　響	▶ 快適性（中）
構造形式	▶ RC造	材　　料	▶ アルミ	発生要因	▶ 設計不良
撮 影 年	▶ 2010年	症　　状	▶ 利用障害	責任の所在	▶ 設計者

　不適切な事例は、障がい者の乗降に難があるエレベーターである。エレベーターの真正面に柱があって、乗り降りの際にはそれを迂回しなければならない状態で、車椅子使用者の負担が大きい。また、床の誘導用ブロックが柱の近くを通っているので、視覚障がい者が柱に接触（衝突）してしまうおそれもある。

　適切な事例のように、エレベーター乗り場は十分なスペースを確保して、誰でも乗り降りしやすいようにすべきである。

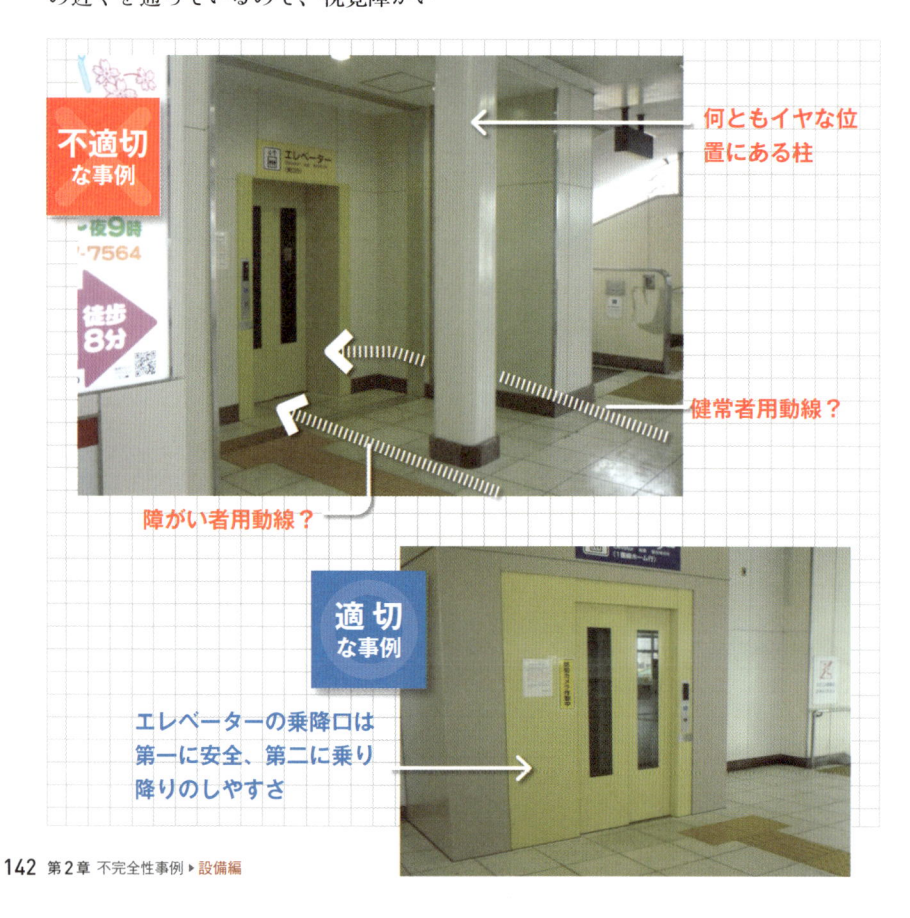

不適切な事例

何ともイヤな位置にある柱

健常者用動線？

障がい者用動線？

適切な事例

エレベーターの乗降口は第一に安全、第二に乗り降りのしやすさ

転がしてあるだけの
ボンベ置場

その他

所 在 地	埼玉県	部　　位	その他	発生箇所	設備―その他
竣 工 年	不明	詳細部位	ボンベ置場	影　　響	安全性（中）
構造形式	RC造	材　　料	アスファルト舗装	発生要因	設計不良
撮 影 年	2009年	症　　状	危険誘因	責任の所在	設計者

　不適切な事例は、ボンベを転がしてあるだけのボンベ置場である。法令違反ではないが、この状態を保管と呼んでよいのか疑問を感じる。出入口が近くにあって歩行者が少なくないため、人がつまずいて転倒するおそれがある。

　また、直射日光や風雨にさらされ続ければ、空ボンベの劣化につながる。
　ボンベ置場は、一般の人が触れることができるような場所ではなく、適切な事例のように、しっかりと区画したスペースを確保するのが望ましい。

不適切な事例

このブロックがなかったらボンベはどうなってしまうことやら…

どのくらいの期間、直射日光や風雨にさらされ続けるのだろう…

適　切な事例

労働安全衛生規則第263条により、風通しのよい場所に、直射日光を防ぐ屋根を設け、倒れ止めを設けて、立てて保管

第2章 ▼ 設備編／給排水／空調／電気／防災／搬送／その他

143

標識はあるのに未設置の公衆電話

その他

所 在 地 ▶ 新潟県	部　　位 ▶ その他	発 生 箇 所 ▶ 設備—その他
竣 工 年 ▶ 不明	詳 細 部 位 ▶ 標識	影　　響 ▶ 快適性（中）
構 造 形 式 ▶ RC造	材　　料 ▶ プラスチック	発 生 要 因 ▶ 環境変化への対応不足
撮 影 年 ▶ 2007年	症　　状 ▶ その他	責任の所在 ▶ 維持管理者

　不適切な事例は、標識（サイン）はあるのに設置されていない公衆電話である。携帯電話の普及で公衆電話の利用者は少なくなっているが、事例では、標識で明示してあり、電話線の取出し口もあるのに電話機本体は置かれていない。標識は建物を適切に利用するうえで大きな役割を担っており、たとえば災害時に携帯電話が使えないとき、あるべき場所に公衆電話がないと混乱がさらに深まる可能性がある。

　電話機を撤去したのであれば標識も取り外すべきであり、適切な事例のように、標識を付けるのであれば公衆電話を設置しておくべきである。

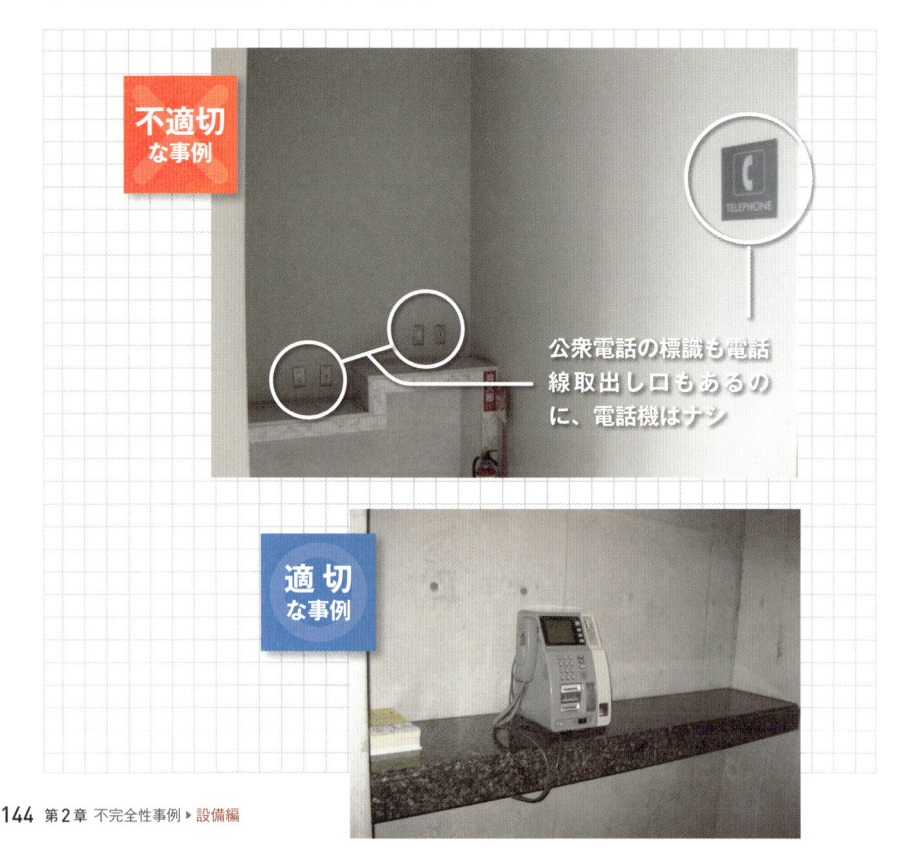

不適切な事例

公衆電話の標識も電話線取出し口もあるのに、電話機はナシ

適切な事例

第3章 不完全性事例
分析編

1 用語の定義

　図3は、不完全性事例の区分とその定義内容を示す。収集した事例は、【建築】と【設備】の二つに区分する。

【建築】に区分する事例とは、壁や床、天井など建物本体そのものによって発生する不完全性事例を指している。また、建物本体だけでなく外周・外構といった外部空間における不完全性事例も、広い意味での建築として捉えている。

【設備】に区分する事例は建築に設置されている設備の不具合や設置方法に問題がある、正常に機能していないなどの不完全性事例を指している。ただし、原因が設備機器でなく建築設計によるものと考えられる場合は【建築】に分類している。

　【建築】と【設備】に区分した事例は、次に【もたらす影響】【発生要因】【責任の所在】を定義する。定義づけは統計分析を行うために、統一された形式を用いる。詳細な分析を行うために【所在地】【竣工年】【構造形式】【撮影年】、さらに【部位】【詳細部位】【材料】【症状】の項目も定義する。

●図3　定義づけの内容

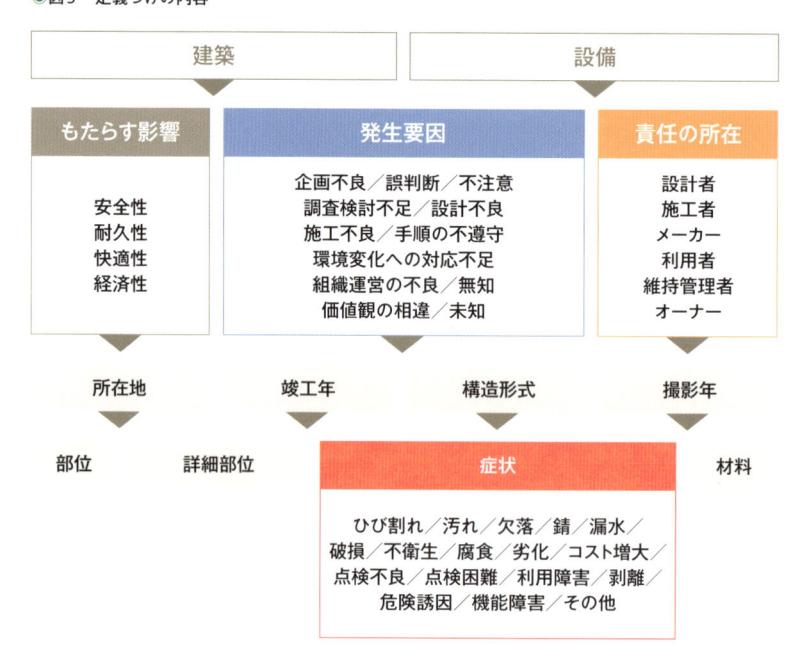

```
                建築                      設備

    ┌──────────┐  ┌──────────────┐  ┌──────────┐
    │もたらす影響│  │  発生要因    │  │責任の所在│
    ├──────────┤  ├──────────────┤  ├──────────┤
    │          │  │企画不良／誤判断／不注意│  │ 設計者   │
    │ 安全性   │  │調査検討不足／設計不良  │  │ 施工者   │
    │ 耐久性   │  │施工不良／手順の不遵守  │  │ メーカー │
    │ 快適性   │  │環境変化への対応不足    │  │ 利用者   │
    │ 経済性   │  │組織運営の不良／無知    │  │維持管理者│
    │          │  │価値観の相違／未知      │  │ オーナー │
    └──────────┘  └──────────────┘  └──────────┘
         │              │          │             │
      所在地          竣工年    構造形式        撮影年
         ▼              ▼          ▼             ▼

      部位       詳細部位   ┌──────────┐    材料
                            │   症状   │
                            ├──────────┤
                            │ひび割れ／汚れ／欠落／錆／漏水／│
                            │破損／不衛生／腐食／劣化／コスト増大／│
                            │点検不良／点検困難／利用障害／剥離／│
                            │危険誘因／機能障害／その他│
                            └──────────┘
```

「建築」の定義

　「建築」に分類した不完全性事例は、データとしてストックする際に発生箇所ごとに区分して分析する。収集した事例を【屋根】【天井】【床】【壁】【柱】【階段】【建具】【防災】【外構】【その他】の10項目に区分した。

「設備」の定義

　「設備」に分類した不完全性事例は、データとしてストックする際に発生箇所ごとに区分して分析する。収集した事例を【給排水】【空調】【電気】【防災】【搬送】【その他】の6項目に区分した。

「もたらす影響」

　不完全性事例によってもたらされる影響は、その建築物に対し何らかのデメリットを生じていることは間違いないが、その内容は各事例によって異なる。

　たとえば、「手摺子と手摺子の間隔が広い」という事例は、「小さい子供などが、手摺子と手摺子の間から転落するおそれがある」という影響をもたらす。それに対し、「雨水が地面に垂れ流しになっている」という事例は、「垂れ流しの地面部が汚れてしまい、不衛生で見栄えが悪い」という影響をもたらす。前者の事例は不完全性の影響によって安全性が損なわれているのに対し、後者は快適性が損なわれている。

　このように不完全性事例によってもたらされる影響は何種類かあり、それらは【安全性】【耐久性】【快適性】【経済性】の4項目に区分した。

「発生要因」

　不完全性事例の発生要因は設計者の知識不足や施工者の施工ミス、維持管理者の不注意、設計者と維持管理者の価値観の違い、利用者の不注意など内容は多岐にわたっている。

　発生要因の傾向をより詳細に明らかにするため、委員会では【無知】【不注意】【誤判断】【調査検討不足】【企画の不良】【設計不良】【施工不良】【環境変化への対応不足】【組織運営の不良】【手順の不遵守】【価値観の相違】【未知】の12項目に区分した。

「部位」の定義

「建築」は【屋根】【天井】【床】【壁】【柱】【階段】【建具】【防災】【外構】【その他】の10項目、「設備」は【給排水】【空調】【電気】【防災】【搬送】【その他】の6項目に区分したが、より詳細なデータを取るために「部位」ごとに区分して整理する。部位の区分に関しては図4のとおりである。

● 図4　部位の詳細

建築	部位
屋根	屋根／屋上
天井	天井
壁	内壁／外壁
柱	柱
床	床／通路
階段	階段／スロープ／梯子
建具	扉／窓
防災	防災／防犯
外構	外構／駐車・駐輪
その他	その他

設備	部位
給排水	給水／排水／配管
空調	空調／排気／給気
電気	電気／電灯／通信
防災	防災／防犯
搬送	搬送
その他	その他

「責任の所在」

不完全性事例の「責任の所在」は、不完全性事例が建築プロジェクトのプロセス上の、企画・設計から管理・運営までの、どの発生時期であるかということで責任の所在を【設計者】【施工者】【メーカー】【利用者】【維持管理者】【オーナー】の建築関係者を対象に区分した。

「症状」

不完全性事例の症状は、設計の段階で気を付けていれば発生しなかった症例や時間経過とともに発生した症例、管理不足によって発生した症例、施工ミスによって発生した症例など内容はさまざまである。

不完全性事例の症状を【ひび割れ】【汚れ】【欠落】【錆】【漏水】【破損】【剥離】【腐食】【劣化】【コスト増大】【点検不良】【点検困難】【利用障害】【危険誘因】【不衛生】【機能障害】【その他】の17項目に区分した。

2 不完全性事例がもたらす影響

① 建築の傾向と特徴

　不完全性事例が建築に対してもたらす影響別の件数割合を図5に示す。

　安全性・快適性は建築・設備を統合した割合とほとんど変化はなく、安全性43％、快適性34％と全体の8割近くを占めている。それに対し経済性は21％、耐久性は2％となっており、少ない値を示している。

　建築の耐久性の割合が極端に低い理由は、建築物を設計する上で耐久性が最も重要視されている事項の一つだからであり、耐久性に関する事柄は法的規制が多い。また、耐久性に影響を及ぼす危険性は認識されやすく、現れたべからず事例は比較的速やかに改修・補修等の処置がなされているために事例数が少なかったものと考えられる。

　経済性に関しても、建築物を設計する上で重要視される項目の一つであるため割合が少ない。しかしながら、経済性に関わる不完全性事例で目立って件数が多かったものが「吹抜け等の高所に照明を設置している」「南面にガラス壁面を用いている」という事例である。これらを改修するには大規模な工事が必要になり、さらに設計上のコンセプトが崩れるといった弊害も発生するため、発生した不完全性事例を改修することには困難が伴う。また、建築物のランニングコストに関しては発注者やビルオーナーの経済力に影響される部分が大きく、法による規制や義務も少ないため、必ずしも改修する必要がないという判断がなされることも少なくない。重要視されやすい耐久性に対して経済性の件数が多くなっているのは、こうした背景も影響している。

● 図5　影響別件数 建築（453件）（％の小数点以下は四捨五入）

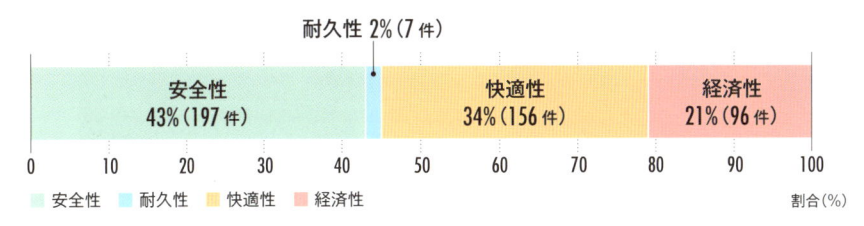

安全性	耐久性	快適性	経済性
43%(197件)	2%(7件)	34%(156件)	21%(96件)

　写真1～4は、建築における不完全性事例がもたらす影響が安全性、快適性、経済性、耐久性などに及ぶ事例である。

　写真1は安全性に影響を及ぼす不完全性事例で、階段の段鼻が認識しづらく、

弱視の人やお年寄りにとっては階段を踏み外し転倒・転落の危険性がある。

写真2は快適性に影響を及ぼす不完全性事例で、堅樋から出てくる雨水が、ガラス屋根上の1か所を流れているために、汚れが付着し見栄えが悪くなっている。

写真3は経済性に影響を及ぼす不完全性事例で、天井の高い場所に照明器具が取り付けられ、照明器具の管球交換や清掃作業を行う際、作業用足場を組む必要がありコストがかかってしまう。

写真4は耐久性に影響を及ぼす不完全性事例で、施工が不十分だったために壁面に亀裂が入ってしまった。大きな地震などが発生した際に、ひび割れ部分から壁が崩れるおそれがある。

●写真1　安全性に影響を及ぼす不完全性事例

●写真2　快適性に影響を及ぼす不完全性事例

●写真3　経済性に影響を及ぼす不完全性事例

●写真4　耐久性に影響を及ぼす不完全性事例

② 設備の傾向と特徴

不完全性事例が設備に対してもたらす影響別の件数割合を図6に示す。

設備に関しても安全性36％、快適性41％と高い割合を示しており、全体の8割

近くを占めている。しかし設備の経済性の割合が8％、耐久性の割合が15％と建築と比較して経済性と耐久性の割合が逆転している。

　これは、設備の耐用年数が建築より短いため、頻繁にメンテナンスをする必要性が生ずることに起因している。設備における耐久性に影響する事例の中では「経年劣化した部品を放置する」「メンテナンスが行き届いておらず劣化を早める」などといったメンテナンス・管理不足による事例が目立っている。この結果から設備の耐久性は建築より軽視されやすいということがうかがえる。

　経済性は、不完全性の原因が設備本体にあるものではなく、設置方法やメンテナンス不足により発生している事例がほとんどであった。現状の調査方法では、設備機器の運転効率や性能を実際に測定することが困難であるため、機器自体による不完全性事例の発見が難しいことが集計結果に影響を及ぼしていることが考えられる。

　安全性・快適性に関しては建築とほとんど同じで「法令違反ではないが好ましくない」という事例がほとんどである。建築は安全性の次が快適性という順番で件数が多かったが、設備では快適性の方が安全性より件数が多い。これは建築よりも設備の方が危険に関わる事例が少なく、その分、維持管理上の問題による不完全性事例が多かったためである。

●図6　影響別件数 設備（266件）（％の小数点以下は四捨五入）

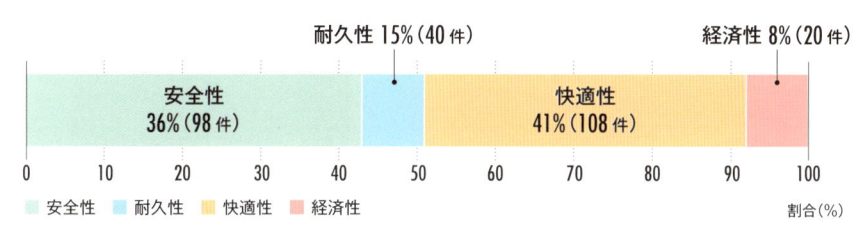

安全性	耐久性	快適性	経済性
36%（98件）	15%（40件）	41%（108件）	8%（20件）

　写真5～8は、建築設備における不完全性事例がもたらす影響が安全性、快適性、経済性、耐久性などに及ぶ事例である。

　写真5は安全性に影響を及ぼす不完全性事例で、駐輪禁止の表示があるにもかかわらず、消火栓の前に自転車が置かれている。迅速に消火栓を使用することが難しく、非常時に消火活動に支障をきたし、危険を伴う。

　写真6は快適性に影響を及ぼす不完全性事例で、雨水を排出する排水管である。雨水が直接コンクリートに垂れ流しになっており、垂れ流しになっているコンクリート部分がかなり汚れている。

写真7は経済性に影響を及ぼす不完全性事例で、日中は採光が十分にとれており点灯の必要はないが、階段室の照明が点灯した状態になっている。中廊下と階段室の照明が連動しているため階段室は昼間明るいのに1〜4階の照明が点灯してしまい、電気代の増大につながる。
　写真8は耐久性に影響を及ぼす不完全性事例で、経年劣化などが原因で配管が部分的に腐食してしまっている。迅速な改修工事が必要である。

●写真5　安全性に影響を及ぼす不完全性事例

●写真6　快適性に影響を及ぼす不完全性事例

●写真7　経済性に影響を及ぼす不完全性事例

●写真8　耐久性に影響を及ぼす不完全性事例

3 不完全性事例の発生要因

① 建築の傾向と特徴

　建築における不完全性事例の発生要因別件数割合を図7に示す。
　建築でも「設計不良」による不完全性事例の発生件数が最も多い。建築の設計において「清掃が困難な場所にガラス壁を用いる」「床材に滑りやすい本磨きの

石材を使用する」などの利用者、維持管理者にとって好ましくないといえる事例が大半を占めており、設計の際に意匠が重視されやすい傾向がある。また、「スロープの勾配が急である」「天井に点検口がない」などの細部のディテールにおける利用者、維持管理者に対する配慮を欠いた不完全性事例が目立った。

次いで多かった「価値観の相違」の項目は、デザイン性を重視した結果、イニシャルコストの増大につながっている、避難時の安全性が損なわれているといった事例が目立っている。こうした事例は設計者が利用者および維持管理者の意見を聞かずに計画・設計を進めたことよって発生したものと考えられる。

「不注意」「無知」「調査検討不足」といった項目も「設計不良」「価値観の相違」に次いで多い。これらの項目は設計者および利用者が、不完全性事例を発生させていることに気づかない、または、不完全性事例に対する知識・認識がなく知らず知らずのうちに不完全性事例を発生させている、

建築においては、設計段階における発生件数が大半を占めていることが明らかになった。デザイン性を重視するだけでなく、利用者の快適性、維持管理者のメンテナンスの行いやすさ、細部におけるディテールなどを十分に検討した綿密な設計が不完全性事例の抑制には必要になると考えられる。

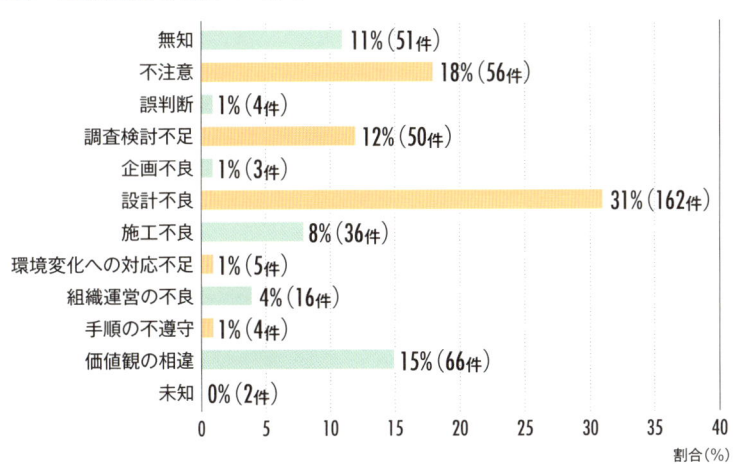

●図7　発生要因別件数 建築（４５３件）（％の小数点以下は四捨五入）

要因	割合	件数
無知	11%	51件
不注意	18%	56件
誤判断	1%	4件
調査検討不足	12%	50件
企画不良	1%	3件
設計不良	31%	162件
施工不良	8%	36件
環境変化への対応不足	1%	5件
組織運営の不良	4%	16件
手順の不遵守	1%	4件
価値観の相違	15%	66件
未知	0%	2件

割合(%)

写真9〜12は、建築における不完全性事例の発生要因が設計不良、価値観の相違、無知、不注意などに起因する事例である。

写真9は設計不良によって発生した不完全性事例である。建物間をつなぐ渡り

廊下だが、屋根が付けられていない。雨天時に渡り廊下内に雨水が溜まり、滑りやすく危険である。また、建物間を移動する際、雨水によって水浸しになってしまい、利用者の立場に立った配慮が必要である。

写真10は価値観の相違によって発生した不完全性事例である。一面ガラス張りの建物で、清掃の際に作業用の足場を組むなどの措置を取る必要があり、エネルギーに関するランニングコストがかかる。設計者が必要な維持管理のことまで考えて設計していないために発生した事例である。

写真11は、無知により発生した不完全性事例である。点検口は倉庫内に設けられていて、その上には棚が設置されており、点検口を開閉するには棚自体を移動しなければならない。定期的な点検作業は困難である。

写真12は不注意によって発生した不完全性事例である。建物内に設置されたメールボックスの扉が開いた状態になっている。見栄えが悪く、通路を通る歩行者にとっては危険な状態になっている。普段利用しない場合でも扉を閉めた状態を維持し、歩行者に不快感を与えないような状態にしておくことが重要である。

●写真9　設計不良により発生した不完全性事例

●写真10　価値観の相違により発生した不完全性事例

●写真11　無知により発生した不完全性事例

●写真12　不注意により発生した不完全性事例

② 設備の傾向と特徴

　図8は設備における、不完全性事例の発生要因別件数である。

　設備では建築の場合と異なり、「不注意」による不完全性の発生件数が多い。設備の不注意による不完全性事例の多くは定期的なメンテナンスや清掃を怠ったことによる壁面や部材の汚れ、耐用年数を超えた使用による部材の劣化など、維持管理の不備・不良によって発生した事例が多い。設備機器は精密機器である上、外的要因による影響を受けやすい。そのため定期的かつ適切なメンテナンス作業が求められる。したがって不注意による発生件数が多いということは、このような設備機器に対して維持管理者側の認識が低いということが考えられる。

　次いで多かった「設計不良」の項目は、設備の設置状態に関する不完全性事例が大半である。このような事例は設備設計の際に維持管理作業に関わる十分な検討が行われていなかった、設計の段階では問題なかったが、実際に設置され利用していく中で問題が発生したなどが原因として挙げられる。

　「調査検討不足」「無知」といった項目も「不注意」「設計不良」に次いで多い。設備においては設備機器を適正かつ効率のよい場所に設置することに加え、その後の維持管理を怠ることなく、維持管理計画に沿った点検作業を誠実に行っていくことが重要である。

● 図8　発生要因別件数　設備（266件）（%の小数点以下は四捨五入）

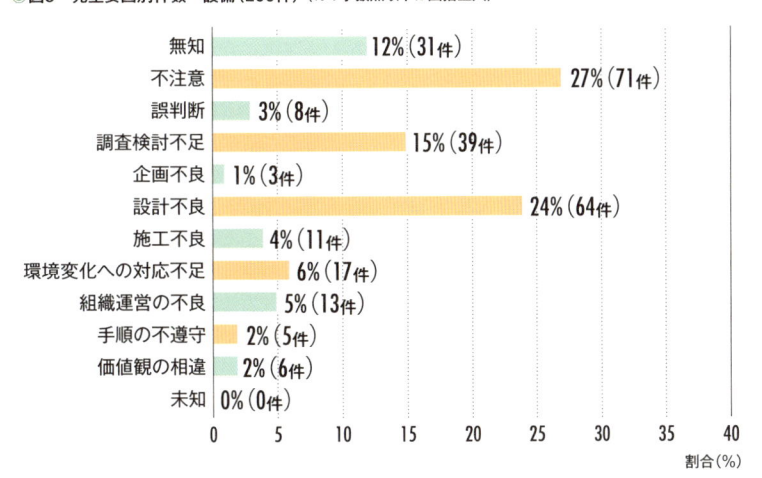

発生要因	割合	件数
無知	12%	31件
不注意	27%	71件
誤判断	3%	8件
調査検討不足	15%	39件
企画不良	1%	3件
設計不良	24%	64件
施工不良	4%	11件
環境変化への対応不足	6%	17件
組織運営の不良	5%	13件
手順の不遵守	2%	5件
価値観の相違	2%	6件
未知	0%	0件

　写真13～16は、設備における不完全性事例の発生要因が不注意、設計不良、調査検討不足、無知などに起因する事例である。

写真13は不注意によって発生した不完全性事例である。屋外送水口が植栽によって認識し難い状態になっている。定期的な植栽の手入れが必要である。

　写真14は設計不良によって発生した不完全性事例である。受水槽点検用梯子の上部に配管が通っているため受水槽上部の点検に入りづらい状態である。

　写真15は調査検討不足によって発生した不完全性事例である。窓に3本のダクトがかかっている。これでは有効開口面積が確保できない。設計を行う段階において意匠設計と設備設計との事前の検討不足が影響している。

　写真16は無知によって発生した不完全性事例である。防火シャッターが下がるところに看板が置かれている。平常時は特に問題はないが、火災などが起きた際に看板が障害となり、防火シャッターが閉鎖できない危険性がある。

●写真13　不注意により発生した不完全性事例

●写真14　設計不良により発生した不完全性事例

●写真15　調査検討不足により発生した不完全性事例

●写真16　無知により発生した不完全性事例

4 不完全性事例の責任の所在

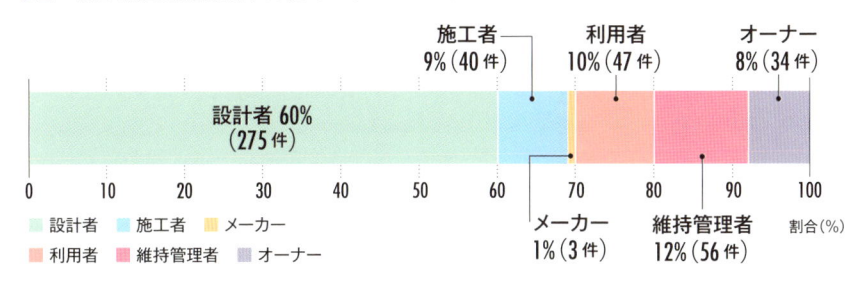

① 建築の傾向と特徴

建築における、不完全性事例の責任の所在別件数を図9に示す。

建築に関して図9を分析すると、前述の全体の責任の所在別件数より建築における「設計者」の割合が5％増えており、責任の所在が「設計者」にあると考えられる事例は6割以上もの要因となっている。不完全性事例の基本的責任は設計段階で発生している場合が非常に多い。建築における設計者の責任として多い内容は、近年増加傾向にある「一面ガラス張り」「吹抜け天井」「トップライト」という事例である。設計者がデザインを重視したことで竣工後における利用者の快適生や安全性、そして維持管理をする上で経済性への配慮が希薄になり、不完全性事例を発生させている。

次いで多かったのは「維持管理者」であったが、12％と設計者に比べて少ない割合となっている。この結果からも設計段階における設計者の責任が圧倒的に多いことが伺える。建築においては、不完全性事例の責任の所在の捉え方が、設計者の維持管理に対する関心の低さと捉えるため維持管理者が責任を問われるような事例はあまり発生しないのである。

「利用者」が47件、10％と比較的多くなった要因は非常口、防火扉の付近に障害物を置くなど無知ゆえの事例が多かったためである。これら利用者による不完全性事例は、維持管理者の指導で改善できるものが多い。そのため利用者がビル環境への意識を向上するだけで抑止の効果が現れ、事例が減少するものである。

「メーカー」の責任が1％と極端に割合が低いのは、製造した製品自体に欠陥があるという事例が収集したデータでは見かけられていないためである。また、事例が危険な状態であった場合、製品自体ではなく建築環境に見合わないその製品を選んだ設計者の調査検討不足として責任を問われるからである。

●図9 責任の所在別件数 建築（453件）（％の小数点以下は四捨五入）

設計者	施工者	メーカー	利用者	維持管理者	オーナー
60%（275件）	9%（40件）	1%（3件）	10%（47件）	12%（56件）	8%（34件）

写真17〜20は、建築における不完全性事例の責任の所在が設計者、維持管理者、施工者などにある事例である。

　写真17は責任の所在が設計者にある不完全性事例である。建物の天井にトップライトがあり、夏季はガラス部分が高温になり室温上昇の原因となる。冬場はその逆で室温低下の原因となる。そのため、冷暖房費がかさんで経済的な面でも影響されている。

　写真18は責任の所在が維持管理者にある不完全性事例である。雨天の際、屋根から滴る雨水によって外壁が汚れてしまっている。景観上不快な上に、藻も発生しており不衛生である。

　写真19は責任の所在が施工者にある不完全性事例である。共同溝のマンホールの位置が床面のデザインを部分的に切断してしまっている。このような仕上げ方にしてしまうとデザインとしての見栄えが悪くなってしまう。

　写真20は責任の所在が維持管理者にある不完全性事例である。防火扉廻りにごみ箱が置かれ、火災などの緊急の事態が起きた時、防火シャッターが正常に閉まらないおそれがあり危険である。

●写真17　責任の所在が設計者である不完全性事例　●写真18　責任の所在が維持管理者である不完全性事例

●写真20　責任の所在が維持管理者である不完全性事例

●写真19　責任の所在が施工者である不完全性事例

② 設備の傾向と特徴

設備における、不完全性事例の責任の所在別件数を図10に示す。

設備に関しても「設計者」が45%を占め最も多い結果となった。設計者の関心が設備機器まで行き届かなかったがために竣工後に点検が困難であるもの、給排水や排気などを上手に設計されなかったために不衛生な事例が起こるものなどが多くみられた。また、デザイン性が強い建築物の場合では意匠重視の観点から設備機器の設置を行うために不完全性事例が生じやすくなっている。具体例としては、点検口内の配管類が障害となり天井内部が確認できない事例、冷却塔付近に外気取入口を設置してしまった事例、外調機の周囲が壁に囲まれ、給気口の設置場所と汚水通気管が近いために給気に汚水臭気が混じってしまう事例などがある。

次に29%と割合が大きい「維持管理者」については不注意による不完全性事例が多い。しかし、ほとんどの事例が比較的容易に改善できるものである。そのため、維持管理者として責任をもち、日常、細心の注意を払って業務を行うことが重要である。

「施工者」に関しては、23件、9%と上記2者とはかなりの差がある。設計図を頼りに施工を行うことから施工者に責任の所在がある件は主に施工不良くらいとなる。施工不良自体はそれほど多く起こるわけでもなく、数値が抑えられた結果となった。

「メーカー」に関しては建築と変わらずに設備でも1%と少ない割合である。要因として、まずメーカーに責任を問うような事例自体の発見や収集が困難であることが挙げられる。我々が収集段階でメーカーの製品自体に原因があったと判断するだけの情報が少ないのである。また、設備機器自体が不完全性事例を起こしたケースであっても、その多くは経年劣化から起きた不完全性事例として維持管理不足と扱い、責任の所在は維持管理者にあることとなるからである。

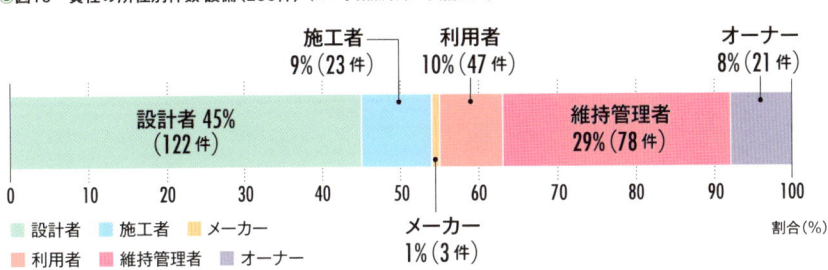

●図10 責任の所在別件数 設備（266件）（%の小数点以下は四捨五入）

写真21〜24は、設備における不完全性事例の責任の所在が設計者、維持管理者、施工者、利用者などにある事例である。
　写真21は責任の所在が設計者にある不完全性事例である。マンションの階段スペースに排水管が通っている。この排水計画では見栄えが悪く、垂れ流し状態のため衛生的にもよくない。
　写真22は責任の所在が維持管理者にある不完全性事例である。機械室内部にあるマンホールの上に段ボールの箱が置かれている。ピット内の配管点検用のものである。定期点検時、迅速に点検作業ができないおそれがある。
　写真23は責任の所在が施工者にある不完全性事例である。車椅子利用者対応のエレベーターである。車椅子利用者用の呼び出しボタンが、手摺に邪魔されて押し難い状態になっている。
　写真24は責任の所在が利用者にある不完全性事例である。さまざまな物品が消火栓の前に置かれてしまっている。火災の際に消火栓の扉を開くのが遅れる危険性がある。

●写真21　責任の所在が設計者である不完全性事例

●写真22　責任の所在が維持管理者である不完全性事例

●写真23　責任の所在が施工者である不完全性事例

●写真24　責任の所在が利用者である不完全性事例

5 不完全性事例の症状

① 建築の傾向と特徴

建築における不完全性事例の症状別件数割合を図11に示す。

建築においても全体と同様の傾向である。最も多かったのが「利用障害」の160件である。床の仕上げが滑りやすくなっているものや、誘導用ブロックの上に障害物があるもの、蹴上げの高さが変わる階段や視認性の悪い階段が挙げられる。利用障害に関する不完全性事例は、設計者がデザインを重視したために発生した事例というよりは、設計管理上の問題で起きている内容が大半である。

次いで多いのは「危険誘因」の133件である。危険誘因に関しては設計者が子どもや目の不自由な方が利用することを考えていない事例が多く見られた。安全面に配慮した設計がなされていないがために、転落の危険性がある梯子や横桟型の手摺を採用し、危険性に関わる不完全性事例が生じるのである。

そして建築で目立つこととなったのが、「点検困難」「コスト増大」である。設計者が一面ガラス張りを採用したことにより室内温度が上昇し快適性が損なわれる事例や、吹抜け空間に照明を採用し点検・交換作業に時間と費用がかかるために、ランニングコストの増加につながる事例などが挙げられる。設計者には、建築物の維持管理のことまで考慮した計画・設計をすべきである。

●図11　症状別件数 建築（453件）（%の小数点以下は四捨五入）

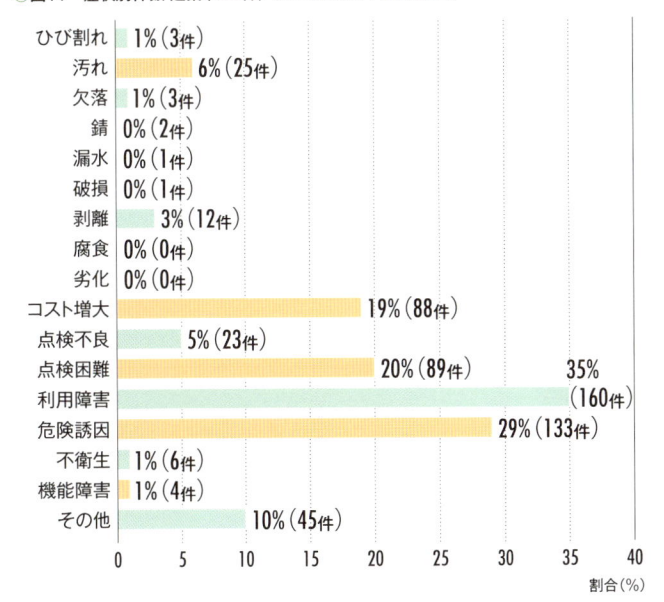

症状	割合	件数
ひび割れ	1%	3件
汚れ	6%	25件
欠落	1%	3件
錆	0%	2件
漏水	0%	1件
破損	0%	1件
剥離	3%	12件
腐食	0%	0件
劣化	0%	0件
コスト増大	19%	88件
点検不良	5%	23件
点検困難	20%	89件
利用障害	35%	160件
危険誘因	29%	133件
不衛生	1%	6件
機能障害	1%	4件
その他	10%	45件

割合(%)

設計者は設計する際に一つひとつのディテールまで安全な仕様かどうか、維持管理の際に点検や保守が困難ではないのかという確認や予測をするところまで意識が回っていない事例が多く見られた。

　写真25〜28は建築における不完全性の症状の代表事例である。ここでは「利用障害」「危険誘因」「点検困難」「コスト増大」の不完全性事例をそれぞれ1例ずつ挙げていくこととする。

　写真25は症状が危険誘因の不完全性事例である。ビルのエントランス部分の床面で、雨天の日など雨水に濡れ利用者が転倒するおそれがあり、大変危険である。

　写真26は症状が利用障害の不完全性事例である。スロープ前に縁石が置かれている事例である。これでは車いす利用者が利用することができない。

　写真27は症状が点検困難の不完全性事例である。高い所に点検口があり、点検の際、足場を組むなどの作業が必要なため点検作業がしづらい。

　写真28は症状がコスト増大の不完全性事例である。屋上部分に設置されている空調の室外機を隠すためか、わざわざ1階分取り付けられたコンクリート壁で、これだけで大幅なイニシャルコストの上昇原因となっている。

●写真25　症状が危険誘因の不完全性事例

●写真26　症状が利用障害の不完全性事例

●写真27　症状が点検困難の不完全性事例

●写真28　症状がコスト増大の不完全性事例

② 設備の傾向と特徴

設備における不完全性事例の症状別件数割合を図12に示す。

設備においては「危険誘因」が76件と最も多い症状である。設備の危険誘因が症状として現れた不完全性事例の多くは設計者の調査検討不足・設計不良により生じたものである。設備機器を設置する空間の把握が設計者には求められる。室外機のショートサーキットだけでも全76件中22件を占める結果となっている。

次いで多かったのが「利用障害」の53件であり、上位二つの症状が建築と同じとなった。利用障害の特徴として目立ったのが防災である。利用者の無知により消火器、消火栓が隠されている事例や、維持管理者の不注意により送水口が植栽に覆われている事例などがある。利用者、維持管理者ともに認識が低いということが考えられる。日頃から防災設備への意識を高める必要がある。

「不衛生」は全体の件数が37件だが、そのうち31件が設備の事例である。ルーフドレインが枯葉などで詰まり、長期間水が溜まった状態であったり、空調で換気口が目詰まりしていた例が症状として多く見られる。経年劣化とともに設備機器は機能障害となっていくもので、快適性だけでなく安全性にまで影響を与えることになる。したがってビルオーナーの責任の下、維持管理者が適切な保守をしていく必要がある。

「機能障害」は25件と決して少なくない結果となった。室外機や排水溝が植栽

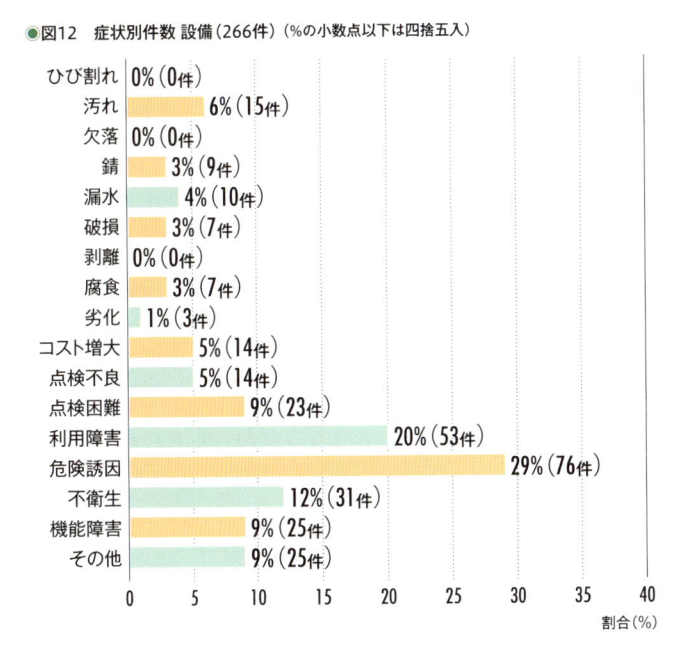

● 図12　症状別件数 設備（266件）（%の小数点以下は四捨五入）

症状	割合	件数
ひび割れ	0%	0件
汚れ	6%	15件
欠落	0%	0件
錆	3%	9件
漏水	4%	10件
破損	3%	7件
剥離	0%	0件
腐食	3%	7件
劣化	1%	3件
コスト増大	5%	14件
点検不良	5%	14件
点検困難	9%	23件
利用障害	20%	53件
危険誘因	29%	76件
不衛生	12%	31件
機能障害	9%	25件
その他	9%	25件

に覆われて本来の十分に機能しない維持管理者の不注意、防災機器の機能障害という不完全性事例もある。

　設備においては設計者のほかに利用者や維持管理者の防災への関心の低さが目立つ。それゆえに防災機器の利用障害・機能障害を起こし、危険誘因につながって非常に危険性の高い不完全性事例となっている。

●写真29　症状が危険誘因の不完全性事例

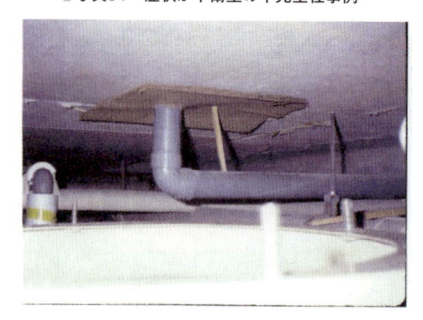

●写真30　症状が利用障害の不完全性事例

●写真31　症状が不衛生の不完全性事例

●写真32　症状が機能障害の不完全性事例

　写真29～31は、設備における不完全性の症状の代表例である。
　写真29は症状が危険誘因の不完全性事例である。消火器の前に障害物が置かれている事例である。緊急事態の際、すぐに使えるような状態にしておく必要がある。この事例の状態では、すぐに消火器を取り出すことができず危険である。
　写真30は症状が利用障害の不完全性事例である。エレベーター前に柱が設置されている。健常者が利用するには問題ないが、車椅子利用者にとっては利用しづ

らい。エレベーターを出てから、いちいち方向転換をしなくてはならないため、負担も大きい。

　写真31は症状が不衛生の不完全性事例である。受水槽上部に布設された排水管は現在禁止されており、衛生面で危険なので早急に対処すべきである。

　写真32は症状が機能障害の不完全性事例である。排水口が芝草に埋もれてしまっている。これでは排水口として十分に機能しない。

あとがき

　建築・設備全体を通じての調査結果は、計画・設計段階、管理・運営段階でのべからず事例が目立った。どちらの段階でも「それぞれの立場を理解し、少しの配慮で発生を抑制できる」というべからず事例が大半を占めていた。すなわち、設計者・施工者側の不注意や維持管理者側の誤判断、ビル利用者側の無知などから、ビルの真価を問われるような事故に発展したケースが多くあった。

　この調査で明らかになった不完全性事例の実態を建築に携わる多くの人々にとって、今後の計画・設計、施工、維持管理、利用、所有などに際して参考としていただくことがビル環境の改善と持続可能性を高めることに大いに役立つことになる。

　地球環境建築の機運が高まっている現在、建築にも資産価値を良好な状態に維持し、長寿命化を図らなければならない時期が到来している。

　終わりに、委員長の要請に応じて日本環境管理学会・建築と設備の不完全性（べからず）事例研究小委員委員として多くの貴重な資料を提供され、経験を語ってくださった関口正男、井上清明、金子岳夫、金子誠、坂下祥一、瀬川昌輝、古橋秀夫各氏および資料の収集の労をとってくださった工藤信二に感謝申し上げます。

　また、日本環境管理学会会長・久保猛志、前会長・木村宏、・事務長・堀口弘各氏の学会出版への長期にわたるお力添えに心より感謝申し上げるとともに、この企画に賛同された（株）オーム社の絶妙な対応に深く感謝する次第です。

日本環境管理学会　建築と設備の不完全性（べからず）事例研究小委員会

委員長　永峯　章	東洋大学	幹事　関口　正男	前橋工科大学
委員　井上　清明	（株）アスクメンテナンス	委員　金子　岳夫	金子技術士事務所
委員　金子　誠	（株）朝日ビルメンテナンス	委員　坂下　祥一	（株）昌平不動産総合研究所
委員　瀬川　昌輝	（株）昌平不動産総合研究所	委員　古橋　秀夫	東京美装興業（株）

平成26年3月

日本環境管理学会
建築と設備の不完全性事例研究小委員会

委員長　永峯　章

オブザーバーで参加された東洋大学理工学部建築学科永峯研究室卒論生（安藤司、村田祐則、伊地知洋平、松崎恭平、市川崇、小林隆宏、田中雅人、正木康雄、片江圭介、高橋唯、加藤直樹、内田直希、高田純、原田雅史、村松浩次、坂口祐一、田中佑樹、飯野響氏）には不完全性事例の収集に多くの努力をいただきましたこと、謝意を表します。

●参考文献
1) 建築と設備の不完全性事例研究小委員会 研究委員会成果報告「建築と設備の適性化に関する調査研究」日本環境管理学会「環境の管理」第76号 PP.1～96 2013.8
2) 永峯章、関口正男、井上清明、金子岳夫、金子誠、坂下祥一、瀬川昌輝、古橋秀夫
「建築と設備の不完全性事例研究小委員会報告 その1～9 研究概要と建築と設備の不完全性事例」 日本環境管理学会「環境の管理」第64号 PP.9～12 2007.5～2013.5
3) 建築法規編集会議 「建築関係法令集」 総合資格学院 2009
4) 山本廣資 「建築／設備「マサカ」の話。」 技術書院 2005.3
5) 木村宏監修、ビル環境保全研究会編著 ビル環境経営のための設計・施工べからず集 PART1オーム社、1990.08
6) 木村宏監修、ビル環境保全研究会編著 ビル環境経営のための設計・施工べからず集 PART2オーム社、1990.08
7) 木村宏監修、ビル環境保全研究会編著 ビル環境経営のための設計・施工べからず集 PART3オーム社、1992.01
8) 金澤庄三郎編「広辞林」三省堂 1964.10

- 本書の内容に関する質問は，オーム社雑誌部「（書名を明記）」係宛，書状またはFAX（03-3293-6889），E-mail（zasshi@ohmsha.co.jp）にてお願いします．お受けできる質問は本書で紹介した内容に限らせていただきます．なお，電話での質問にはお答えできませんので，あらかじめご了承ください．
- 万一，落丁・乱丁の場合は，送料当社負担でお取替えいたします．当社販売課宛お送りください．
- 本書の一部の複写複製を希望される場合は，本書扉裏を参照してください．
  JCOPY ＜（社）出版者著作権管理機構 委託出版物＞

建築・設備のあってはならない不完全性事例大全集

平成26年5月10日　第1版第1刷発行

編　者　日本環境管理学会 建築と設備の不完全性事例研究小委員会
発行者　竹生修己
発行所　株式会社　オーム社
　　　　郵便番号　101-8460
　　　　東京都千代田区神田錦町3-1
　　　　電話　03(3233)0641（代表）
　　　　URL　http://www.ohmsha.co.jp/

©日本環境管理学会 建築と設備の不完全性事例研究小委員会 2014

組版　志岐デザイン事務所　　印刷・製本　日経印刷
ISBN978-4-274-50454-9　Printed in Japan